总 策 划：薛文婷

顾　　问：李岭涛　赵琳琳

主　　编：薛文婷　李　晶

执行主编：郑珊珊　刘亚平　宋　扬　尹素伟

文字整理：苏诗雯　孙雨濛　刘颖健　伊德日　李月擎
刘　铮　吴昱含　方文萱　樊欣阳　翟昊冉
张嘉祺　吴斯琦　齐雨声　孙宁智　刘乘源
李秉昊　杨加丞　许小龙　崔世鑫

摄　　影：刘颖健　陈林琳　刘　灿　许小龙　崔世鑫
秦天碧　刘　晨

文字校对：刘颖健　胡　华　孟潇庆　李梓昂　康　乔
依力甫拉提·阿布都艾尼

◎ 北京高等教育本科教学改革创新项目“媒介融合背景下体育解说人才培养研究与实践”（项目编码201910043004）阶段性成果

◎ 北京市支持中央在京高校共建项目（教学改革创新项目）“北京体育大学卓越特色体育新闻传播人才培养”阶段性成果

融媒体·体育新闻传播系列丛书

媒介融合时代的体育解说实践与思考

——与知名解说员面对面

薛文婷 李 晶 ◎ 主编

中国传媒大学出版社

·北 京·

前言

2022年伊始，北京冬奥会成功举办，给人们留下了诸多难忘的瞬间。磅礴大气的开闭幕式展现了独特的“中国式浪漫”；年轻小将谷爱凌、苏翊鸣在一次次凌空飞跃中创造佳绩；“四朝元老”徐梦桃、齐广璞拼搏多年终于如愿登顶；德国速滑老将佩希施泰因第八次征战冬奥；憨态可掬的“冰墩墩”圈粉无数、火出天际……这些美好场景被一一记录，这些冬奥故事被广为传播，生动诠释了体育精神，照亮了整个世界。

北京冬奥会期间，曾经的冬奥会四金得主、中国速度滑冰和短道速滑国家队教练组组长王濛也凭借解说成功“出圈”，跻身“顶流”。“我的眼睛就是尺”等金句火遍全网，网友们要求“把王濛焊在解说台上”并创造出专有名词“濛言濛语”，体育解说也成为人们的热议话题。王濛解说的“出圈”离不开媒介融合的传播环境，也彰显了体育解说的重要性，并预示着体育解说行业的深刻变革。

媒介融合是一场革命，影响着人类的生活、学习和工作方式，也推动着新闻传播领域的理念更新、生态改变和实践创新。媒介融合给体育解说行业带来了哪些深刻影响？体育解说员应该如何抓住机遇，迎接挑战？高等院校要培养什么样的体育解说人才，又如何创新人才培养模式？

为深入了解媒介融合时代体育解说行业的变革，创新体育解说人才培养模式，北京体育大学新闻与传播学院体育解说教研团队自2019年秋季开始陆续邀请中央广播电视总台、北京广播电视台、河北广播电视台等主流媒体，腾讯、咪咕、爱奇艺等新兴媒体的知名解说员、解说嘉宾来校为学生传道授业解惑，并精心设计访谈、授课和点评三个环节。这是一种知识传授和经验分享，也是一种文化传承和情感连接。为实现更大范围的知识传播，促进体育解说行业的健康发展，教研团队计划将内容整理成文字后结集出版。

为保留口语传播的生动性，凸显解说员的个性化，同时保证信息的准确性和阅读的流畅性，教研（编撰）团队在保持访谈、授课话语原貌的基础上对信息进行了核实、增补和缩减，对过于口语化的、冗余的语词、语句进行了技术处理，对表述的逻辑做了微调，并请解说嘉宾进行了补充、修订和完善。希望此书能为我们提供一份关于中国体育解说的鲜活历史和集体记忆，也成为体育解说学界与业界的一种对话。

目 录

白岚面对面

苏东面对面

苏群面对面

陈滢面对面

童可欣面对面

王异面对面

魏祺面对面

王子星面对面

白岚面对面

图1　白岚

白岚，1961年生，播音指导，河北广播电视台播音部副主任，全国主持人专业委员会副会长，全国电视体育节目主持人研究会秘书长，中国电视金鹰奖暨十佳电视节目主持人奖获得者（第22届，2004年）。自1986年走上体育节目主持、体育赛事解说从业之路，他形成了个性鲜明、语态独特的主持、解说、评论风格；曾解说过奥运会、世界大学生运动会、亚运会、全运会，以及足球世界杯、欧洲足球三大杯（欧洲冠军联赛、欧洲优胜者杯以及欧洲联盟杯）、美国职业篮球联赛、世界拳王争霸赛等世界级及国内高水平赛事；曾在河北电视台担任《体坛内外》《赛场风云》等大型直播节目的主持与解说工作；也曾应邀担任过CCTV《世界拳王争霸赛》《体坛掠影》《名将之约》等栏目主持人。

白岚访谈

解说要求有各方面的知识储备

图 2　访谈现场

访谈嘉宾：白岚

访谈师生：宋扬（教师）　樊欣阳（学生）　翟昊冉（学生）

一、拜宋世雄为师

宋　扬：我们今天邀请到了一位有着多重身份的重量级嘉宾来到现场，这位嘉宾是播音指导，是全国电视体育节目主持人研究会秘书长，是中国电视金鹰奖暨十佳电视节目主持人、全国十佳体育节目主持人等奖项的获得者。他还是 2008 年北京奥运会火炬手，曾入选“中国电视 50 年 50 人”“新中国 60 华诞电视 60 人”“中国电视 60 年，金牌主播 60 人”等。他还是全国最具爱心“金牌主播”、河北双十佳节目主持人、河北慈善公益形象大使、河北精准扶贫优秀驻村第一书记，曾连续 11 年荣获优秀预备役军官称号。这位嘉宾就是河北广播电视台的白岚老师！欢迎白老师！

白　岚：一个人有多少头衔或者有多少光环，固然能够反映一个人事业是否成功，但是我觉得这些还不足以反映一个人的实际水平。你可能有很多光环，但是还得看实际水平是不是与之相符。我经常会有一种忐忑不安的心情，比如你刚才提到了“中国电视 50 年 50 人”，全国当时评出来 50 人，我和宋世雄、孙正平老师都入围了。除我们之外，还有许许多多很优秀的主持人，但有的人可能没赶上这次评选机会。另外，我虽然获得全国“十佳体育节目主持人”称号，但很多水平很高的人由于忙于业务没有参加评选，你能说人家不够优秀吗？我觉得在“十佳”之外，可能还会有“二十佳”“三十佳”，甚至有更高水准的人。因此，我也是常怀感恩之心的。

宋　扬：我跟白老师相识已经有十几年的时间了，白老师一直在提点和鼓励我们这些后辈。但我一直都没有听白老师谈到过自己，我特别感兴趣的一个问题，就是白老师是如何和体育解说结缘的呢？

白　岚：最初，我的家人，包括我本人，最向往的是演艺表演。我在做体育转播之前已经演过电视剧，也做过导演，1988 年还被称为全国最年轻的电视剧导演。后来，什么让我改变了呢？上高中的时候，我们学校有一个文艺演出队，还有一个体育队。老师说，你在文艺演出队和体育队当中选一个，不能今天这儿有文艺演出，你那边去打球了。选来选去，我还是选择了体育。大学毕业的时候，正赶上 1984 年第 23 届洛杉矶奥运会，那届奥运会对我触动非常大。大家想一想，1932 年洛杉矶奥运会的时候，中国只有刘长春一名运动员进场，有一些不友好的观众吹口哨、吐唾沫，骂我们是“东亚病夫”。1984 年，我们已经有了一支 225 名运动员的体育代表团。当中国体育代表团进场之后，全场起立鼓掌，包括一些老华侨——当年看过刘长春比赛的人已经是两鬓斑白、腰弯背驼、步履蹒跚，但也来到了奥运会现场。那时候，体育对民众的激励性特别强，给人感觉是不做电视体育转播好像这一生白活了似的。直到现在，我还记得那届奥运会中国体育代表队的旗手是王立彬，后来曾执教过陕西男篮，他是中华人民共和国成立后男篮当中形象气质最佳的。再加上那个时候中国女排正在上升期，打开电视，就是宋世雄老师的“中央人民广播电台、中央电视台，各位听众、各位观众，台湾同胞们、海外侨胞们，我现在是在日本东京的代代木体育馆向您现场直播……”。那个时候，全世界好像都在围着体育转，直到今天我还记得宋世雄老师的解说词：“人生能有几回搏，此时不搏，更待何时？让我们为中华的崛起而奋斗拼搏！”听完就让人热血沸腾。中国女排获得冠军之后，人们游行、庆祝、放鞭炮，大年三十都不如那个时候来得热闹。我说，我得去做转播，去轰轰烈烈地干一番事业，去学体育解说。最初做转播、做解说的时候，也是学习模仿宋世雄老师。

宋　扬：宋世雄老师对您的影响和帮助很大？

白　岚：的确是这样！记得是 1986 年，当时河北省中学生足球比赛在石家庄的东方红体育场举行，那时候录制设备只有三四台摄像机，还不是直播，是先录下来，然后回到台里剪辑成一个专题片，再找人配音。原来这个由蔡猛老师配音解说，因他被借去中央电视台承担解说任务，于是我被借调到河北电视台给剪辑录像配音："河北电视台、河北人民广播电台，这里是石家庄东方红体育场，我们在这里向各位介绍的是河北省中学生足球比赛，由张家口队对石家庄队……"那时候解说比较简单，也没有嘉宾，就一个人在那儿说。没人教你，你只有自学。当时选人的时候，不止我一个，选了一圈，领导最后说，"就这小伙子行！"当时，省里也没几个人真正喜爱解说。人少，"山中无老虎，猴子称大王"。再加上我1981年演过儿童电视剧，台领导和导演们对我也相对了解，1986年的这个机会就被我抓住了。1987年，我全程解说了中英少年游泳对抗赛，这是我第一次解说国际比赛。1988年，河北省青运会在邯郸举办，我在邯郸电视台工作，几乎是我一个人全程解说青运会的转播项目。

那时候，体育很热，我就开始一心做体育解说与主持。1988年前后，全国做体育解说的大概有二三十个人，中央电视台当时就是宋世雄老师、孙正平老师、韩乔生老师和宁辛老师，大概就这么几个人。

我是在1988年拜宋世雄老师为师的。当时很多人想拜他为师，但宋世雄老师只有两个关门弟子，我是其中一个，还有四川电视台的李博，他在省级台圈里知名度非常高。宋世雄老师特别严谨。我记得大概是1987年还是1988年冬天，我从邯郸坐火车来京，当时条件差，很冷。到了电视台之后，人家问我是干吗的，我还得拿出工作单位开的介绍信，证明我是干什么来的。尽管有证明，门岗警卫还是不允许进楼，门口武警让我在大楼外等着，雪下得特别大。宋世雄老师出来说，"小白，你怎么在这儿等，你快到大楼里头去！"那时候求师都是这样的。我想拜宋世雄老师为师，就得让他看到我的真诚，而不是一时冲动。那天，雪很大，在大衣上堆积得很厚，但为了见他一面，我一点都不觉得冷，更不觉得辛苦。

1990年北京亚运会的时候，宋世雄老师跟孙正平老师说，河北台可以来两个人帮忙解说。那时候，重要的直播赛事都是宋世雄老师、孙正平老师解说，还有一些不能直播的就先回传到中央电视台。比如，摔跤项目虽然也有中国队，但中国跟伊朗比没有太大的优势，就放在晚上专题节目里播，由我在后方配音。

第一次上中央电视台直播的时候，要学呼台号，到现在我都记得宋世雄老师说，"你要记住，你一张开嘴就代表着我们的党和人民。中央电视台是党和人民的喉舌，每一个字都要对人民、对我们党的事业、对我们党的广播电视事业负责任"。于是我花了半天时间就只练"中央电视台"这几个字，嘴都练麻了。宋世雄老师说，要带着感情去说，不是谁都可以代表中央电视台的。今天，我不知道大家还会不会一板一眼地去苦练、去抠细节。

后来，无论是北京奥运会、广州亚运会、世界大学生运动会，还是其他国际国内赛事，我一呼台号就会想起宋世雄老师说的话。中央电视台的一个领导曾经和我说，“小白，你呼台号呼得非常正”。我说，这都是当年师父教的，必须得方法得当：站着练，在头上顶一本书，屏息凝气，呼出“中央电视台、中央电视台”。那个时候，就是这么学、这么练。

这么多年，说句心里话，要感谢中央电视台给我们提供了一个平台。任你再有能力、再有本事，如果没有这样一个机遇，没有这样一个平台，就像是“千里马常有，而伯乐不常有”，没有这样一个伯乐，我想我不会有这样的提高。俗话说，“英雄无用武之地”，没有平台，是英雄也废了。其实有很多人比我的声音条件好，但是他可能没遇到这个平台。我给我的很多学生讲，个人努力还要加上平台，但首先是个人能力。平台是给那些有准备的人的，否则，给你再多机会，技不如人也是不行的。

图 3　白岚和宋世雄老师的合影

二、北京奥运会时解说了8个项目

宋　扬：我们还想听您讲讲进入 21 世纪，尤其是北京奥运会时您参与中央电视台体育解说的故事。

白　岚：从 1990 年北京亚运会到 2008 年北京奥运会，我常有机会到中央电视台解说。当时中央电视台做解说的人少，包括沙桐在内，他刚从北京广播学院（现中国传媒大学）毕业，主要播体育新闻。那时候，经常到中央电视台解说的还有蔡猛老师（1994 年从河北电视台调入中央电视台）、大连电视台的焦研峰、四川电视台的李博，广东电视台的王泰兴偶尔也来。到2008年北京奥运会前夕，中央电视台为了培养新人，再加上解说项目相对丰富了，招了一大批优秀的主持人，于嘉、袁文栋、杨健等都是这个时间段招聘来的。

宋　扬：2008年北京奥运会的时候，中央电视台成立了奥运解说“国家队”？

白　岚：对，2008年，孙正平老师负责，我是解说“国家队”的秘书长，在孙正平老师的领导下协助做一些具体的协调、落实工作。组建解说“国家队”时，加上中央电视台的主持人，我们从全国一共挑选了85人（如表1），包括16位体育转播顾问。我们还定制了5大坛庆功纪念酒，把85个人的肖像都烧制在这个坛子上。每坛酒重8斤8两，上面有五环。这5坛酒，赠给了罗格（时任国际奥委会主席）1坛，给中央电视台准备了1坛，给北京奥组委准备了1坛，厂家留存了1坛，还有1坛在我这儿放着。据我所知，这5大坛酒，现在唯一整装的是在我这儿放着的那坛。当时，我们还给这85个人各自定制了两瓶纪念酒，把每个人的肖像都烧制上去，做个纪念。

表1　中央电视台2008年北京奥运会解说“国家队”名单

顾　问	宋世雄、王泰兴、金宝成
领　队	孙正平、沙桐
秘书长	白岚
解说员	宋世雄、孙正平、韩乔生、王泰兴、金宝成、蔡猛、刘宁、白岚、焦研锋、姜小京、刘建宏、李博、洪钢、于嘉、贺炜、刘星宇、张萌萌、杨健、杨影、甄诚、童可欣、陈滢、王燕宁、马晓薇、朱晓琳、王江、段暄、张盛、朱月明、余菲、田宗琦、宇东、周英杰、申方剑、陈怀杰、宋玉杰、位在东、宋剑桥，计38人
主持人/播音员	沙桐、宁辛、白岩松、崔永元、欧阳夏丹、王小骞、罗宏涛、袁文栋、马昕、邵圣懿、梁毅苗、张虹、朱虹、朱环、柴华北、孙燕、吴为、程雨涵、郭强、魏晓楠、杨一、翁晓萌、施丹、姜毅、崔征、尤宁、郝思语、苏玲、方琼、周群等，计31人
特邀嘉宾	张卫平（篮球）、阚福林（田径）、陈招娣（排球）、汪嘉伟（排球）、张路（足球）、马燕红（体操）、王涛（乒乓球）、赵剑华（羽毛球）、宋晓波（篮球）、叶冲（击剑）、杨霞（举重）、高红（足球）、许阳（足球）、钱红（游泳）、李娜（跳水）、杨凌（射击），计16人

那时候要求很严格。80多人的解说团队组织起来，先政治学习，熟悉政策，熟悉转播中的国际规则。为了应对直播，我们手里有很多手卡，都在解说台放着。比如说现场有突发情况怎么办，等等。举个例子，当时我解说跆拳道比赛，对阵双方是韩国队和中国队，在我解说台的前后左右有不少于400个韩国人，穿戴整整齐齐，只要韩国运动员上场，他们就加油呐喊，震耳欲聋。一有中国运动员出场，就鸦雀无声，甚至还起哄。一看这个情况，我就要做好处理，等韩国啦啦队一欢呼，我就把声音往下拉，等他们声音一落，我再直接说，“好，中国运动员出场了，我们来看中国运动员！”同

时把现场中国观众的掌声给推到最高。作为体育解说，应该公平公正，但当时那种不由自主地希望中国选手获胜的心态肯定是有的，不可能做到一碗水绝对地端平。在北京举行奥运会，对我们而言天时地利人和，这个时候应该着力展示我们自己。更主要的是，在现场我听不懂韩语，万一他们说了几句不合适的话给转播出去了，那就出问题了。

宋　扬：那一届应该是全国体育解说员、评论员，包括体育主持人的一次大聚会。我从资料里看到，解说国家队里有“五虎将”，还有“十五罗汉”，这是网友给起的，还是自己设计的？

白　岚：当时是根据每个人的特长分配解说项目。某个人比较精通某几个项目，我们在编排的时候就有意识地让这个人多解说这几个项目。举个例子，大连电视台的焦研峰老师解说举重项目是最好的，他的解说就像讲故事一样，还带些东北口音，用的词儿也很文艺，老百姓一听非常喜欢。体操项目是金宝成老师解说，金老师解说体操很出色，他对动作加分的判断、失误丢分的分析完全是一个体操专家的水平。贺炜的足球解说更富有诗意化，比如“让我们在北京美丽的秋天来见证世界足球为我们上演的一场不寻常的北京之夜”。孙正平老师声音高亢，说开幕式非常合适。游泳是中国的大项，谁转播游泳激情更足呢？当然是韩乔生老师。直到现在，转播游泳比赛，我没有看到谁的激情能超过韩老师。蔡猛老师是乒乓球解说的行家。田径比赛是杨健解说。杨健在2004年雅典奥运会上解说男子110米栏中国队刘翔夺冠时，那种激情是油然而生的。总之，每个人都有自己的特点。

宋　扬：您主要负责哪个或者哪几个项目的解说？

白　岚：同行们说我属于万金油，别人扛不住的项目就由我来说，所以我一个人解说了8个项目，甚至让我随时就位去做预备队。有一次是曲棍球比赛，比赛原定是由广东电视台刘宁老师解说，可编排组把他在同一个时间安排到了另一个项目，等于曲棍球这个项目突然没人解说了，这时候距离比赛开始还有5分钟。导演让转播台呼号，突然发现没人。这时候，刘宁老师已到达另一个现场在解说另一个项目，没法回来了。这时候，孙正平老师问，白岚在吗？得知我在之后，孙老师马上安排好车，让我以最快的速度赶到现场。我下楼的时候还有3分30秒开播，汽车一路没停，到场之后，比赛已经开始大概有三四分钟了，转播画面还是没有解说声音的状态，编导们火急火燎地在解说台旁等候，我人还没坐下，编导就把耳机扣在我头上，催促着……我也不知道哪两个队比赛，运动员名单什么的也都没有，但这时候最需要镇静，得沉稳下来。然后，我开始解说，“中央电视台，中央电视台，这场曲棍球的比赛已经进行三分多钟，这是一个稀缺的项目，大家可能了解不多。为了让大家和我们一同进入角色，特意留出了几分钟时间让大家先欣赏一下。曲棍球比赛的重头戏在后头，让我们伴随比赛开始，逐渐进入角色。好，我们来看双方的比赛”。大家事后没有感觉到这是因为内部失误而出现的情况，相反这个“事故”变成了一个出彩的设计。后来，中央电视台奥运转播委员会特别提到这场曲棍球解说救场救得好，救得没有痕迹。当时，我内心其实挺慌，但是面上还得“内动外静”，留给观众的感觉要尽量平稳。比赛双方是巴基斯坦对阵中国，因为当时中巴关系非常好，巴基斯坦驻华大使还向我们的转播机构表示，他们挺看重这场比赛，因为这是他们的“国球”，他愿意通过国际信号把我们的转播传回国内去。这个事情，后来我们一直没怎么讲。孙老师说，这事儿咱别往外传，毕竟是工作中的失误，十年以后大家再讲。到现在已经过去十多年了，今天讲出这个事情来，也不为过。通过这个事情，就看出当时对体育评论员的素质素养和应变能力的要求还是很高的。在这种连比赛名单都没有的危急时刻，必须得有人站出来顶住，才能把损失降低到最小。

图4　访谈现场

三、打铁还需自身硬

樊欣阳：白老师好，我对老师关于解说“国家队”的故事比较好奇，解说“国家队”现在还有吗？之后有没有团队的扩充或是缩减？

白　岚：北京奥运会结束后，这个解说“国家队”既没有宣布继续延续，也没有宣布就地解散。这几年，不少当时团队里的解说老师退居二线，有的退休了。2019年，我们在开全国体育节目主持人研究会理事会的时候还讨论说，除去中央电视台，全国省级电视台目前能够在电视上露脸出声的、年龄最大或资格最老的就只有我了，其他都是30岁左右的，当年那批人基本上都不在解说岗位了。四川电视台的李博还在，但李博比我稍微小一点儿，孙正平老师曾经说过，我和李博是全国省级电视台的解说常青树。体育解说也好，播音主持也好，都是一个不断让年轻人进来的行业。得有人不断地退下，才能有人上来，这是一个往复循环的过程。拿我们河北广播电视台来说，这些年转播省级赛事的时候也是年轻人上得多，我上得很少。只有大赛的时候，我才上一下，因为要多带年轻人。只有年轻人上来，才能使我们的事业更有朝气、更有希望、更有未来。

宋　扬： 白老师也从孙正平老师嘴里的“小白”变成了“老白”。

白　岚： 是的。

翟昊冉： 作为我们这样的新人，想要融入解说行业需要具备哪些素养呢？

白　岚： 作为现在的大学生，你们的知识面、能力比我们那时候强多了。现在条件好，有手机、电脑，有海量信息，这都是成才的有利条件。我觉得体育播音包括解说评论，首先，“打铁还需自身硬”。没有金刚钻儿，您别揽瓷器活儿，自身的能力和素养是必须勤学苦练的。其实，人和人之间差别不大，我们当年能出头，也是多了几分勤勉和辛苦，这方面是很重要的。

其次是知识储备。解说员看上去是在解说一个项目，实际上却要求有各方面的知识储备。比如解说NBA，讲到了休斯敦火箭队，解说员要对休斯敦这个城市有所熟悉。为什么叫火箭队？因为过去休斯敦是美国的航天城，很多看球的球迷是航天工业的员工。你要想说好网球，起码得知道网球的诞生与演变，它诞生在法国，传播到英国，推广是在美国，过去属于贵族运动，但今天大家都能打网球了，一个网球项目涵盖了许多人类进步的东西。这些知识，都需要解说员用语言去传达。

再次，大家心中还要有梦想。习总书记讲得非常好，我们正在经历一个伟大的时代，每一个年轻人都有出彩的机会，出彩需要奋斗，幸福是奋斗得来的！当你想要去做成一件事情，你要先问问自己是否奋斗了？北京体育大学早上五点的太阳，你见过没有？千万不要在该奋斗进取的时候犯懒，去随意地消费时光。你们这个年纪还不是享乐的时候，是该奋斗努力的时候。到今天，我还不敢放任自己，不能马放南山、刀枪入库。一个没有追求和梦想的人会懈怠，所以一定要奋斗，要有追求。

最后，做体育解说评论，你得把口才练好了。语言是人生存奋斗的重要工具。在播音主持这样一个大框架下，有很多分支：综艺主持、脱口秀、影视配音等，我认为体育解说是难度最大的。它对语言的组织、逻辑、思维都要求很高。新闻播音当然也很重要，但它有提词器，体育解说没有，而且不可知的东西太多了。有一次，我们在某个体育馆转播比赛时，突然停电了，20分钟后电才送过来，你怎么去衔接？还有一次我在直播的时候，演播室主持台的玻璃突然碎了，玻璃塌碎的声音特别大，观众肯定听到了，但是没看到，这时候怎么办？没办法，我硬着头皮说，“观众朋友刚才听到有一个噪音从我们的画面中传出，我们还不清楚这个声音是从赛场什么部位传来的，但我们现在还是要聚精会神来观看比赛”。那场转播是和当时北京体育大学的一位拳击教练一起解说的，他资格特别老。那位教练当时慌了，但我还是沉住气说，“我们还是请嘉宾看看这个回合，分析一下……”通过我的引导，解说嘉宾的情绪稳定下来了。解说员得时刻准备着把出意外的地方补平，这需要你平常的积累，需要强大的变通能力，这是做解说员非常重要的一点。

樊欣阳：白老师，我和昊冉现在面临一个抉择，就是毕业后是考研还是去积累解说经验，您有什么建议？

白　岚：我提供几点供两位同学参考。如果能够顺势考研，本科学完之后直接考研，这样的话可能比较连贯。就像我们过去转播体操一样，这是在鞍马上一个连贯的托马斯全旋，中间没有停顿，是一个完整得分，是一个连贯动作，这是一种选择。它的好处就在于趁热打铁，即使这次不行，来年可以再来一次，这样对你学识的积累是有好处的。现在社会用人有一个约定俗成的规则，虽然不是百分之百，但同等条件下可能确实会优先选取研究生。让你的学识、学历更高一个层面，我觉得这可能对就业会更好。如果选择本科后直接工作，找到一个平台，在实践中积累经验，一边工作，一边准备考研，这样双管齐下，两手都要抓，两手都要硬，也很好。它的好处就是为你先找到一个工作的平台，可能会奠定一个基础，可能会先行得到一些机会。因人而异，要根据每个人不同的情况而定。

白岚授课

声随情动、言为心声

图 5 授课现场

一、讲体育解说课是一种享受

我在 2000 年到 2003 年的时候，除了做播音主持工作，还为河北师范大学体育学院体育运动专业的学生讲授一门课，叫“体育播音主持与解说”。这门课的教学工作由我一个人负责，每个星期四节课。和播音主持专业的学生比起来，这些学生的声音条件确实是差一些的，但他们的长处在于运动意识强、运动机能强，对体育各个项目大致是了解的。当时，我的授课方向是：针对体育中某个项目，讲解它的发展历程是什么、技术难点是什么、规则是什么等，给学生们答疑解惑。同学们的学习劲头还是挺足的，求知欲望也挺高，有两三个学生后来也从事体育播音与主持工作。

2017 年 3 月，河北传媒学院播音与主持艺术专业开设了“体育播音主持与解说评论”课程，由我主讲。学生上大二之后，学校就可以把学生按兴趣来分，愿意学体育解说的学生自主选课。刚开始我们还怕没有学生报这个课，结果不仅有同学报名，而且报的人还挺多。后来有一年，学校把“奥林匹克赛事解说与评论”作为一门拓展课，居然有 160 多个学生来选修这门课！那年我特别累，但是“累并快乐着”，我觉得讲体育解说课是一种享受。任何一个项目都有它的起源，而我负责任地讲给同学们听是一件很惬意的事儿。至今，我仍负责这门课程的教学工作。

有些同学学习体育解说，毕业之后未必会从事相关行业，但是关于体育运动、体育解说、体育播音的理论，他掌握了是有益处的。一个本科生在选修这样一门课程的时候，也是希望自己能够在这方面有提高，能增长知识。

二十多年的教学工作对我来讲也是一个提高。讲课是我释放知识、梳理知识、总结知识、提炼观点的过程。讲课也是一个巩固和提高的过程，有些知识可能已经淡忘了，通过讲课又回忆起来了。

二、解说前得先吃透项目

在河北传媒学院上课的时候，很多学生有播音主持的基础，也热爱体育解说和评论的课程，但是几乎没有体育解说和评论方面的实践，对体育的相关知识了解得少之又少。我们在给学生们授课的时候，就必须让他们知道一些基础性的知识。比如，我们在给学生们讲夏奥会项目的时候，讲到了篮球，那你首先要告诉同学们，篮球运动是在 1891 年由美国马萨诸塞州国际青年会训练学校（1953 年正式命名为斯普林菲尔学院）的体育老师詹姆士·奈史密斯发明的。这一下就带出了篮球的历史，它起源于美国，1893 年确定了 5 人参赛的篮球赛制，今天我们沿袭的仍然是这样的赛制。在 1908 年的时候，美国制定了全国统一的篮球规则，而且用多种文字面向世界推广，目的就是普及篮球。我国篮球发展始于 1895 年，由基督教青年会将篮球传入天津、上海等地。在 1910 年的中国近代首届全国运动会上，一些从海外回来的人进行了篮球表演。随后篮球运动在全国各大城市的大学、中学率先开展起来。大概在 1926 年以后，篮球运动在我国逐渐普及开来，水平也得到了提高。新中国的篮球运动自 20 世纪 50 年代以后有很大的发展。改革开放以后，篮球发展更加专业化，也日益普及。像我们大家熟悉的 CBA、CUBA、WCBA，这些联赛极大地推动了我国篮球运动的发展。1994 年，中国男篮在第 12 届世界男篮锦标赛上获得第八名的好成绩。此后，在 1996 年亚特兰大奥运会、2004 年雅典奥运会、2008 年北京奥运会上，中国男篮又三次进入八强。我国的代表性篮球运动员姚明在 2002 年完成了 NBA 的状元秀。中国女篮的最好成绩是在 1992 年第 25 届巴塞罗那奥运会上获得银牌。

在体育赛事解说的教学当中，我们要选择一些大家耳熟能详的项目，便于学生接受。因为时间所限，有一些冷门项目或小众项目，只能向同学们适度地介绍。在上课的时候，我发现同学们其实对篮球知识比较模糊，这样在解说时就可能会带来一些困扰，比如说 NBA 跟国际篮联的篮球比赛有很大不同，那这点就需要让同学们知道。譬如，关于三分线，NBA 三分线的最远处距离篮筐为 7.25 米，国际篮联标准场地的三分线是 6.75 米；NBA 的三秒区的尺度是 4.88m × 5.80m，是一个长方形，国际篮联的三秒区是 3.6m × 6m × 5.8m 的梯形等。我们在跟学生讲体育解说评论之前，还需要让大家对篮球技术有所了解。譬如，篮球进攻技术包括两类，一类是无球的进攻技术，我要跑动、我要掩护、我要争抢；另一类是有球进攻技术，主要包括空切、徒手摆脱、接球、传球、运球、投篮、持球突破等。除了进攻技术，还需要了解防守技术，包括卡位、协防、联防等。联防也有不同阵型，比如"23 联防""212 联防"，早期的 NBA 比赛中还出现过"131 联防"，它主要是针对进攻方后卫线和两边锋线进攻的情况来进行的有力防守。解说员需要看到双方进攻是一种什么样的态势，双方防守上又处于一种什么样的态势。另外，双方比赛技术统计上的数据，一个是看你的投篮命中率，另一个是双方篮板球的对比，再有一个就是高质量的抢断封盖。不同的进攻和防守的数据，能够展示球队在比赛中赢在什么地方，输在什么地方。

图 6　白岚在解说现场

在授课过程中，我也给同学们讲解游泳项目，因为游泳是我国的优势项目。有同学很善于提问题："白老师，蝶泳，我们见得相对不多，或者看不清它在水中的技术动作，不知道从哪个角度去解说。"我会告诉学生，看蝶泳关键是要搞懂手臂上的动作跟姿势，那样解说起来就轻松了。手臂上的姿势，无非就是入水、抱水、滑水、推水和空中移臂这几个技术环节。在课堂上，我们不可能像在游泳池边那样去具体地分析动作，但你得知道这几个过程。除此之外，解说员还要掌握运动员在比赛中动作的协调性从哪里来，原动力、后动力从哪里来。蝶泳运动员通常是一次划水一次呼吸，但有的运动员为了加快游进速度也可以采取划水两次或以上再做一次呼吸的技术。所以，蝶泳的手臂、腿、呼吸的配合比例一般是 1 ∶ 2 ∶ 1，即一次手臂动作、两次打腿动作、一次呼吸。当你知道这些技术动作之后，在解说蝶泳的时候就会说得更专业。观众一看，这解说了解蝶泳项目，不外行。

讲解跳水的时候，跳台跳水项目引起了很多同学的兴趣，但是由于不懂技术环节及分值，同学们感觉看不出门道，更解说不出来。解说跳台跳水，首先得清楚跳水动作。根据运动员起跳前站立的方向和起跳后身体运动的方向，跳水动作分为六个组别：第一组，面对池向前跳水；第二组，面对板（台）向后跳水；第三组，面对池反身跳水；第四组，面对板（台）向内跳水；第五组，转体跳水；第六组，臂力跳水（仅在跳台跳水中采用）。其次要了解空中姿势。跳水动作的空中姿势可分为直体、屈体、抱膝、翻腾兼转体的任意姿势四种，分别用 ABCD 来表示。其中，直体用“A”表示、曲体用“B”表示、抱膝用“C”表示、翻腾兼转体的任意姿势用“D”表示。知道这些之后，再认识、了解技术动作就方便多了。在上课的时候，有同学问我：“白老师，5133 是什么意思？”这是跳水动作代码，表示动作组别和翻腾转体的周数。其中，一至四组的动作号码采用三位数，第一个数字代表组别；第二个数字代表是否有飞身动作，“0”表示没有飞身动作，“1”表示有飞身动作；第三个数字代表翻腾周数，“1”代表半周，“2”代表一周，“3”代表一周半……比如，选手的动作是“201”，表示他跳的是第二组动作——向后跳水，没有飞身，翻腾半周。第五组动作采用四位数，第一个数字表示是第五组——转体跳水，第二个数字表示翻腾方向，第三个数字表示翻腾周数，第四个数字表示转体周数。举个例子，看到某位选手选择的是“5136”，“5”表示第五组转体跳水，“1”表示用第一组向前跳水的方向完成翻腾转体，“3”表示翻腾一周半，“6”表示转体三周。第六组动作选用的也是三位数，第一个数字“6”表示是第六组——臂立跳水，第二位数表示臂立跳水的方向，第三位数表示翻腾周数。比如，某选手选取了“614”动作，表示选择的是第六组的臂立跳水动作，向前跳水的方向翻腾两周。能够把这些技术动作讲清楚了，解说的时候就不会那么费力，就逐渐进入门道了。在全运会或国内一些大学生运动会上，有些解说员在解说跳水的时候只是机械地报各组跳水动作代码，讲不出这些代码表示的是什么，这是不可以的。解说员要知其然，还要知其所以然。我在讲课的时候经常说，大家的口才表达没什么大问题，毕竟是学播音主持出身的，关键是要把内容吃透了，这样才能解说好。

在解说过程当中，解说员还需要穿插一些其他的辅助性知识。譬如当解说中国跳水队的比赛时，你要知道中国跳水队的历史、中国跳水队标志性崛起的时间等。譬如，1984 年第 23 届洛杉矶奥运会时，周继红获得了女子十米跳台冠军，实现了中国跳水队在奥运会历史上金牌零的突破。在1988年汉城奥运会和1992年巴塞罗那奥运会上，高敏将女子三米板的金牌两次收入囊中，刚刚崭露头角的小将伏明霞也在1992年获得了女子单人十米跳台的桂冠。那是高敏的时代，很多外国运动员感叹“与高敏同处一个时代是一种悲哀”。到了1996年亚特兰大奥运会，有着跳水史上最年轻世界冠军头衔的伏明霞力挫群芳，包揽了女子三米板和十米台两枚金牌，以绝对优势捍卫了她在这个跳水项目中的地位，并且一举成为中国奥运史上首位女子跳水的双料冠军。在2000年悉尼奥运会上，伏明霞再次荣登女子三米板冠军宝座。在伏明霞之后，来自河北保定的郭晶晶成了世界跳水界的传奇，共获得4枚奥运会金牌、31个世界冠军。中国男子跳水队也是成绩斐然，先后涌现了熊倪、田亮等明星选手。中国跳水队取得如此骄人的成绩，和科学训练是分不开的，和运动员那种有理想、有志向的对高精端技术的研磨精神也是分不开的。解说员平时需要对这些知识有一个储备，并在解说当中插空介绍。这些知识可以让你的解说更加精彩。

在上体育解说与评论课的时候，有同学以为对那些自己感兴趣的项目解说起来相对简单，但其实很多同学对项目还只是一知半解。例如羽毛球，很多同学平时都会看这个项目，但做解说练习的时候发现对规则和专业术语不太了解。在课堂上，我会拿着羽毛球拍跟同学们讲：运动员握拍方式是有讲究的，比如“活握死抠”，什么意思呢？就是在不击球状态下，球拍不能握得太死，拍柄拿在手里要灵活转动以便进行不同的击球动作；在击球状态下，需要手指紧扣球拍，尤其是食指跟拇指，保证击球动作干脆，线路准确。此外，还有“长挥短抖”“高压低抬”“远打近搓”“对拐平举”“正侧反背”“强追缓挡”“正侧反背”等技术动作。这些基本的技术动作、技术要领，解说员都需要懂得。这些对于熟悉羽毛球、经常打羽毛球的学生来讲无须多言，但不怎么了解羽毛球的学生就需要下功夫去了解了。

解说员还需要了解一些战术。譬如，羽毛球双打比赛有“攻人”“攻中路”“前后站两边打”“压后场拉开反击”“前场打点封压进攻”等战术。我在课堂上讲这些的目的是让学生们掌握一些基本的羽毛球双打的技战术，尤其是那些不怎么打羽毛球，或者玩过羽毛球但不甚了解攻防技战术的学生。解说羽毛球比赛，要吃透这些攻防技战术的内涵，否则张开口就有可能说错或者说得不到位，让观众认为你解说评论水平太差。

三、培养体育解说人才

除了老师讲课、学生们听课，我在教学过程中还狠抓了两件事情。

第一，坚持一周理论一周实训。在实训周，同学们对应着我讲的项目，关掉原声解说，自己来解说。在解说过程中，老师进行计时、计分、点评、辅导和纠正，包括解说好在什么地方，不足的地方是什么，情绪怎么样，遣词造句和表达如何，说没说到点上，有没有评述得精彩的地方。采取这种边学边练的方式，同学们会有很大的提高。

第二，在期末考试的时候我要求学生除了写关于体育解说与评论方面的论文，还要交一份解说的音视频作品。我常对学生说，可能大家没有机会到奥运赛场、到世界杯赛场，但是大家仍然可以用高水平的大赛片段，例如奥运会、世界杯、世界锦标赛等一系列大赛的实况进行解说评论实践。在大学期间做好基础性的工作，掌握基础性的知识，掌握基本技能，对体育解说和评论，包括主持体育节目都有很大帮助。因此，在我的课堂上，我们就坚持既要上好理论课，也要上好实训课。实训是一面镜子，它检验了老师授课的水平，检验了同学们接受知识的能力。让我们在教与学中进一步去完善，再进一步去纠正不足，有利于师生共勉提高。

在上体育解说与评论课的时候，有时候为了增加同学们的兴趣，增加这堂课的知识含量，我也经常采取内外结合的形式，也有线上线下的结合。我在上课的时候经常和一些著名的运动员、体育解说名嘴等进行电话联系。我们拿出 10~15 分钟时间，把课堂时间给他们。例如讲游泳比赛的时候，我就多次跟韩乔生老师取得联系。他作为中央电视台的体育评论员有更多的解说机会和更高层次的解说平台，因此我就请韩老师来跟大家对话，在 10~20 分钟的时间里就某一个问题求得解答，韩老师以当时在现场的亲身经历和感受为同学们回忆赛况。通过这种方式，同学们既听到了名师大家的评述，也有一种身临其境的感觉。

讲游泳的时候，有两次我还请到了钱红。钱红是 1992 年第 25 届巴塞罗那奥运会上中国泳坛小花儿中的一朵，她获得了女子 100 米蝶泳的金牌。我就请钱红讲蝶泳这个部分，我代学生向钱红提问，问她作为运动员的感受，譬如“从出发入水、途中游到最后冲刺，这几段怎么来分配，技术动作上有什么样的要求，怎样使自己的动作不走形、不走样呢？”钱红给我们做回忆式的讲述，甚至还把自己苦学、苦练的经历讲给同学们听。

说到足球的时候，我请到了好朋友刘建宏，建宏解说过全国甲 A、甲 B 和中超联赛，以及足球世界杯等国际赛事。对于足球这样一个大家耳熟能详的项目，要解说得精彩、解说得到位，应该是一种什么样的状况呢？我连线建宏并给他 15 分钟时间，让学生们在这一堂课上不仅听到我的讲课，而且听到了这些著名体育评论员的讲述。一堂课让学生们得到了多位老师的指导，那这个课就不一般了。河北传媒学院不在北京，不能像北京体育大学新闻与传播学院这样随时邀请知名解说员来授课，尤其是疫情期间，我就借助我的人脉资源，邀请孙正平、张斌、蔡猛、韩乔生、刘建宏等，他们都是我课堂上的常客，我特别感激他们的讲述。这种课堂内外相结合的机制，对我的讲课内容起到了一定的帮助。

当我在课上谈到中国体育，谈到奥运会上中国健儿的风采时，学生们不仅了解了体育，还激发了大家对祖国的热爱、对奥林匹克运动的热爱、对为国争光的运动员的崇敬。我经常说，培养体育解说人才，就要让他们能在一个合适的平台发挥自己最出色的技能，那样年轻人就有了前途。同时要让同学们懂得：幸福是奋斗得来的，只有不断地努力学习，才能把专业学得更好。

图7　合影

人物摄影：许小龙

文字整理：樊欣阳　翟旻冉　康　乔　宋　扬　李　晶　尹素伟　薛文婷

采访时间：2020 年 11 月 6 日

采访地点：北京体育大学北体传媒演播室

苏东面对面

图1　苏东

苏东，1966年生，美国南伊利诺伊大学工商管理硕士。著名体育评述员、主持人，以激情解说著称，有“苏东吼”美誉。1990—1994年担任国家体育运动委员会翻译，兼牟作云秘书；1994—2008年担任ESPN体育评述员、主持人；2009—2014年担任CSPN常务副总裁；2009年至今，先后担任腾讯、乐视、PP体育、爱奇艺体育解说员、制片人。

苏东访谈

跟着这个行业的大方向走

图2　访谈现场

访谈嘉宾：苏　东

访谈师生：薛文婷（教师）　李秉昊（学生）　杨加丞（学生）

一、进入ESPN是非常有戏剧性的

薛文婷： 俗话说，“冬至大如年”。在这样的一个好日子里，我们非常荣幸地邀请到了解说大咖——苏东老师。苏东老师的解说经历非常独特，经历了从ESPN到CSPN、从电视媒体到新兴媒体的转变，并形成了激情、高亢的解说风格，还因此产生了一个专有词汇，叫“苏东吼”。今天，就请苏东老师来为我们分享一下自己的职业经历和解说心得。和我一起采访的还有李秉昊和杨加丞两位同学。

苏东老师，您大学一毕业就到了国家体委（国家体育运动委员会），做了新中国篮球事业奠基人牟作云老先生的秘书，这段经历让大家非常羡慕，能介绍一下吗？

苏　东： 其实很简单，我对体育非常感兴趣，觉得去国家体委特别好，就找到了牟老，牟老也对我进行了面试。去国家体委以后是当翻译，然后兼任牟老的秘书。

薛文婷：您当时去的是什么部门？

苏　东：当时在外事部门，后来去了北京国际网球中心。在网球中心待了大概有半年吧，随后又调回国家体委。

薛文婷：您拥有这么一份让人羡慕的工作，为什么会离开呢？

苏　东：也谈不上离开不离开。20 世纪 80 年代末到 90 年代，很多人出国深造，今天这个人考托福了，明天那个人考托福了。我也去考，就考上了。我报的第一个大学是阿拉巴马大学，说起这个选择也很有意思，选它就因为它是 A 字开头的，后来阴差阳错地出去了，在美国南伊利诺伊大学读了工商管理硕士。

薛文婷：您体育解说的起点非常高，是在 ESPN，您是怎么进入 ESPN 的呢？

苏　东：说起进入 ESPN，还是非常有戏剧性的。我在美国读完书后，有个朋友介绍我去全美华语频道，就这么入行的。干了一段时间后，跟几个朋友一起吃饭，看到了纽约的一份中文报纸——《世界日报》，广告栏刊登了 ESPN 招聘华语主播的消息。当时大家可能都知道 ESPN，但它不像后来的影响力那么大。我报了名，过了两天就接到电话了，问有没有兴趣来试一试。去了以后，就参加各种各样的考试，包括声音测试、反应能力测试、中英文理解能力测试等，好像考了三天。又过了一段时间，打电话说你来谈一下薪水，去了以后跟我说：祝贺你，我们只录取一位，你是非常幸运的这一位。当时我没在意，后来他们跟我说有上千人考，我说，你早这样告诉我，我可能就不来考了。我想这可能跟我在国家体委的经历有关系。我刚进国家体委的时候，做翻译没有必要逐字逐句，但核心意思一定要翻译出来。我印象中有一个节目叫 *sport centre*，是个半小时的节目，参加 ESPN 考试的时候，一个美国人给我一沓资料，A4 的纸差不多有六七十页，就是这个节目的内容，但不是每页都满满当当的，要求我三个小时之内翻译完。我当时想，你让我数三个小时都数不完，反正翻不完，于是每一段话我就翻两三个字词，抓住它的核心意思。没想到人家的要求就是这个。

薛文婷：您刚才谈到顺利进入 ESPN 可能跟您在国家体委的工作有关，应该也跟您的本科是英语专业以及良好的英语能力有关系吧？

苏　东：你跟别人竞争，如果外语好的话，别人在跑，你就是后面加了一个涡轮。无论冬奥也好，夏奥也好，中国体育、中国体育传媒的发展暂时还是落后于欧美的，这个我们必须要承认。我每天看国际体育新闻的时候，看的都是一手资料，都是原文。它的表达不一样，而且是从事件发生的现场，或者离得最近的地方，或者是信息来源最可靠的地方来的，给你报道的都是最直接的信息。

二、在ESPN什么项目都得说

李秉昊：苏东老师，ESPN 有很多项目的版权，比如板球、羽毛球、乒乓球等，您为什么选择足球了呢？

苏　东：进入 ESPN，我一开始说的是 NBA，一直说到了 2003 年。其实，不是说你选择什么项目，而是所有的项目你都得说。我跟当时同事开玩笑说，除了弹球不说之外，都得说。足球、篮球、棒球、冰球、美式橄榄球得说；羽毛球，乒乓球更得说；还得说牛仔竞技，说冬季项目中的冬季两项、速度滑冰什么的，还得说极限运动。要求非常高，因为说之前你得做功课，再一个就是拥有版权的项目越来越多，解说员什么都得说。我为什么当时比较喜欢说 NBA 呢？其实是因为 NBA 的暂停多，我们可以跑出去喝点水、聊两句，它有一个缓冲的余地。ESPN 当时是直播，除广告之外全都是直播，时间掐得很紧。那段时间的训练对我帮助太大了，就是刚入道便达到了一个极限的峰值。

薛文婷：从美国总部到亚洲部，您解说的比赛项目有什么区别吗？

苏　东：跟之前没区别，但相对来说分得更清晰了。我依旧还是说足球、篮球和一些其他项目，后来慢慢地就偏向于足球了。可能跟他们的市场划分有一定关系，当时 NBA 除了向中国大陆转播，还面向中国台湾，但那时候的 NBA 好像没有 20 世纪 90 年代好看了，而英超越来越好看，我后来就重点说足球了。

薛文婷：您的这种被称为"苏东吼"的解说风格，是在 ESPN 就已经形成了吧？

苏　东：那早就形成了。关于风格的形成，不是说我想成为这样，而是自然而然成了这样。我在美国做足球解说的时候，是做 B 角，即战术分析，因为当时我跟有些同事相比还算是比较专业的，受过业余足球的训练。我在美国的时候，有一个同事叫弗拉波，是马拉多纳青年队的队友，后来到了美国，当时住我隔壁；还有一个同事叫 PIE，也是西班牙裔的。他们以前都接受过足球专业训练，我就跟他们一块儿踢球，弗拉波跟我关系挺好，我让他教我做 B 角。经常在踢球的时候，他突然就叫停了，告诉我这个战术怎么变，为什么这么变，然后问我，"你猜猜这个人是怎么想的？"那时候的录像并不太多，他经常在踢球踢得热热闹闹的时候把我拉一边，让我猜猜这个人是怎么想的。踢完球以后，他会把那个人叫过来，问你刚才是不是这么想的。从他那儿，我学到了很多做 B 角、做战术分析的原理。他们说球很高亢，要把比赛的现场感如实地还原出来。我可能受到他们的影响。大家都有这种体会吧？无论是欧洲的还是拉美的，他们基本上都是以一种高亢的情绪来解说的，很少有聊天式的解说。可能是受他们影响，我自己并没有刻意地去设定自己的风格。

薛文婷： 您这种风格被冠以“苏东吼”大概是在什么时候？

苏　东： 我印象中，应该是在 1997 年或者 1998 年。

薛文婷： 刚入行没多久，就形成了这种风格？

苏　东： 对，那时候你得玩命去说球，甭管这球有意思没意思。我当时也没追求说我要说成什么样，那会儿从来不会这么想。当时你要说不好就没饭碗了，就被炒鱿鱼了，压力还是挺大的。在 ESPN，那个压力可不是现在的人能想象的。美国人分分钟就把你炒鱿鱼了。说一个很真实的例子。1996 年欧洲杯，美国 ESPN 全程拿到转播权，开幕式本来是没有直播的，后来突然说加直播，所有人随即进入战斗状态。当时有一个放带的人，不知道是手颤了还是怎么回事，应该是太紧张了，往回倒了大概也就 1 秒左右，可以明显看见电视屏幕翻转了一下。放完这个带子，他出门就收拾东西离开了。这个人跟当时 ESPN 的老板是发小，两人关系特别好。工作环境就是这样，压力确实非常非常大。

图 3　访谈交流现场

三、从业经历让我对行业发展有一种预判

薛文婷： 您后来离开 ESPN 到国内发展，跟这种压力有关系吗？

苏　东： 没有关系。那个时候，我觉得国内机会更多了。ESPN 一直想进入中国这个市场，但做得比较艰难。当 2007 年 ESPN 没有获得英超的中国版权以后，我感觉比较悬了。

薛文婷： 您第一次参与国内媒体的赛事解说，是和天盛传媒的欧洲足球频道合作？

苏　东：对。当时给我打电话的是现在爱奇艺体育的老板喻凌霄，那时候我们俩关系还很远。当时是2007年亚洲杯，我解说完半决赛、决赛以后，他突然来了个电话，说天盛传媒刚拿到英超在国内的版权。

薛文婷：您回国发展是在跟随英超这样一个您最喜欢的赛事的版权吗？

苏　东：我的从业经历可能让我对这个行业的发展有一种预判吧。不是说因为英超或者NBA，而是跟着这个行业的大方向走。当时的天盛传媒，后来的CSPN，现在的新媒体，我不是跟着某一个赛事的版权，而是跟着这个行业的发展在走。你要说我判断得准或者感觉多强，可能也不客观吧！就是从业时间久了以后，经验会告诉你，有这么一种感觉吧。实际上，天盛也好，CSPN也好，并没有像它最开始出现的时候那样很顺利地发展下去。可能每一个时段、每一个年代都有不同的要求，比如天盛传媒开启了付费模式，爱奇艺体育以及其他一些体育网络平台沿用的就是当时天盛的方式，但在那个时候太超前了。现在让你6块钱看场球，你看吧？那个时候别说6块钱，3块钱都没人看。真的没人看，感觉挺贵的。ESPN在新加坡，大家都是付费收看。在国内，从2008年到现在这么多年了，付费收看，你们年轻人能够接受，因为你们上大学受过高等教育；大多数人还是接受不了，还是没有养成这种消费的意识和习惯。

李秉昊：对，热爱的程度也不一样。您从ESPN回到国内，觉得国外媒体和国内媒体、电视媒体和新媒体的差别在哪儿？

苏　东：就解说员的工作来讲，我感觉媒体的变化有点儿乱，没有规律。为什么说乱？就是会让你分心。以前做解说，你的选择不多，没有什么渠道，没有这么多的媒体平台。学校如果要招50人，能够招20人就不错了，因为孩子会想出来以后就这几个地方可去而且还不一定能去，比如说央视、省台、市台。现在，我可以去新媒体平台，当然去央视、去省台还是比较好的选择。当选择面大的时候，招生可能就多了，但对于解说来说我个人觉得容易分心。我有一次在央视碰到张斌老师，跟他聊天的时候也说，培养一个好的解说员差不多需要10年—15年，但现在有几个孩子能耐心地做这么长时间。现在有很多诱惑，就看谁能熬，在熬的同时提升自己。我的建议是，你先不要说有多少天赋，先说你能不能跑完这15年，跑完15年差不多就把99%淘汰了。

杨加丞：您刚才说解说员需要耐心，现在我们体育解说班里有很多女同学，您觉得女性解说目前是一个什么状态？以后会不会有更多的女性解说员加入？

苏　东：这个我不好去判断，但是我希望越来越多，因为任何一个事情都需要多种声音。在国内，提出在体育直播中应该有女主播，我可能是第一个。在天盛的时候，我跟李老（李元奎）解说，中场有 15 分钟的休息，我们就决定找个人来替我们。当时赛事直播里还没有女主播，有一个浙江传媒学院的女孩儿，我印象很深，我说就让她上。她之前从来没上过镜，但效果非常好。我觉得女性不仅仅是解说吧，更多地涉猎体育赛事可能会更有帮助。有女解说的话，这个行业会更加繁荣。在美国、英国，越来越多的女解说开始出现，我在 ESPN 的时候是没有女解说的，现在解说 NBA 的大概有 4 个女解说吧，解说足球的大概有 6 个，其中有 1 个非常有名的篮球女解说（Doris Burke，多尼斯 · 伯克），影响力挺大的。除了解说的必备要求，女解说可能会从女性的角度去表达。举个例子，比如说场上发生剧烈碰撞后球员受伤，你的第一反应是分析原因，而女解说的第一反应可能是“好疼啊！”不管是男观众还是女观众，你听到以后会有一种感同身受的感觉，会产生强烈的共鸣感。我觉得女解说从某种程度上说会让这个行业更加人性化，视角更多样，会让观众从另一个角度观赏一场可能非常残酷的比赛。

四、不要想着一步登天

李秉昊：在新时代融媒体背景下，我们这一代需要什么样的素质？平常应该怎么锻炼？

苏　东：我们不是一个时代的人，但要让我建议的话，我觉得跟我们那时候锻炼的方式没什么区别。万变不离其宗——你得耐心，多说多练，同时多读多看。现在这个时代对你们的要求可能比我们那时候更严，因为你们努力，别人更努力。现在是一网通天下，一个网络一条线让你我可以知道天下所有的事情，这时候你得极大限度地猎取知识点、拓展知识面、了解人文地理，增进对不同文化的了解和认识，并且专业地把它说出来。现在看球的人耐心已经越来越少了，你要有一种别人没有的阐述和表述，只有这样才能吸引更多的注意力。这就要看你有没有耐心，看你的自我要求严不严。想要提高，我觉得没什么太多好办法、没什么捷径，就是靠反复地练习。我说了大概有几千场吧，没有一场比赛是一样的。每次说完了以后，你会回想，哪儿说错了？肯定会有口误，这个我不觉得特别重要，最重要的是你的底蕴，瓷实地压住了，基本上八九不离十，不会跑太偏。

杨加丞：您有自己的工作团队，我们也有学长在您的团队工作，您在选人、用人方面的标准是什么？

苏　东：首先，要有能力，其次必须踏实肯干。其他团队可能要求又不一样，因为这一行并没有一个固定的规矩。但要跟着我，那就按照我的标准来，工作中能够达到要求的，我们可能会再额外提供一些其他好的机会。重要的是自己学习进取的过程。

其实不仅仅是这个行业，作为一个新人，到哪儿都一样，都要低调，踏实肯干，多动脑筋。我们入行的时候也一样，大家都是从那个时候过来的，千万不要想着一步登天。

薛文婷：在新媒体时代，我们的解说可以非常及时地得到用户或者受众的反馈，可能会有一些言辞激烈的负面评价。对您产生压力的评价是什么？您是怎么应对的？

苏　东：我给你举个例子。2005 年，在伊斯坦布尔，当时我跟陈熙荣解说，在半场的时候，AC 米兰 3∶0 领先利物浦队，当时现场有媒体说，AC 米兰的休息室门口已经放上了一瓶香槟，现在推进去了，他们可能已经开香槟庆祝了，我就把这件事情说了。到了下半场，利物浦把比分扳平了，最终赢了，当时没有微博，但在 ESPN 的 BBS 上有很多人骂我，我当时完全崩溃了。半场的时候，骂我的差不多全是利物浦的球迷，后来骂我的大多是 AC 米兰球迷。我第一次遇到这种情况，人都是懵的。那场比赛说完以后，我一直缓不过来。后来慢慢看懂了以后，我突然发现：其实他们需要的只是一种情绪的宣泄。隔了一段时间以后，很多球迷又回到这个 BBS 上面和我聊这场比赛。你不要把它太当回事儿。对于球迷来说，他看完以后说了一些过激的话或者不理智的话，可能第二天就忘了。但是你又不能完全不理，你得有一个初步的判断，得知道哪些是比较客观的、哪些是情绪化的。有一些人属于网络“喷子”，如果你因为这些人而感到苦恼，那你千万别干这一行了。你不要把这些人放在你可考虑的范围之内，他如果进入到你的视野，那就是你的失败。对于情绪化的话语，你要做理智的分析，因为比赛不仅仅是你的比赛，也是他们的比赛，你不要把它看得太重，当你淡然地对待这些事情的时候，你会觉得其实都无所谓。

苏东授课

融媒体时代体育解说员的塑造

图 4　授课现场

一、什么是体育解说

我先讲一讲什么叫作“解说”和“解说员”。

大家都看过电影，当你看电影的时候，你注重的是什么？细节和故事。但是我相信很多人应该有印象，就是当一部好电影出来以后，你一定对电影的主题曲、主题歌也有印象，但是你看电影的时候为什么没注意到呢？这就是解说。解说是什么？是“reasonable acceptable and the welcoming noise”，就是可接受的、合理的和受欢迎的噪音。换言之，它是一场比赛或者一个项目在向大家传播的时候的一种合理的 BGM（背景音）。它可能不是比赛的绝对主角，但是不能离开。你们可能不喜欢一些解说，然后静音，但静音之后，不过 10 分钟你就不想看了。为什么？因为没有了这种合理的 BGM。解说也好，看电影也好，大家可以去体会一下。

解说员的基本要求是什么？我的总结分为两部分：仪表、声音、知识；形象、声音、知识，这两个完全不一样。

第一，仪表、声音、知识。当你去一家传媒公司应聘时，在解说出镜中，形象一定会占比较高的比例。声音不必说了，它是世界上所有媒体都有要求的。知识也是必备的，你要做体育解说，如果不懂体育规则，那就谈不上解说了。

第二，形象、声音、知识。这个形象，不是指你长什么样子，而是指你的气质。声音，你的声音让人没法听，听了以后全是劈柴的声音，那当然不行。这里说的知识，不是刚才提到的知识，而是累积的知识。

这几个要求，是我的总结。但无论是美国的NBC、ABC、ESPN，还是英国的BBC以及SKY SPORTS，全都是统一的要求。在我们国内的体育媒体里，经常开玩笑说："今年多大了？""我五十了。""你干吗呢？""我做解说。""你怎么还做解说呀？""你多大了？""我五十了。""你干吗呢？""我做记者。""你怎么还做记者呢？"一般都认为，你到了一定年龄就应该当负责人、当官。实际上，让那些刚毕业、还没什么体育经历、从业经验的人去做采访，通常会问什么呢？"你赢了球以后感受怎么样？"感受不会不好吧？

如果我问你们，你的脑海里谁长得最帅、谁长得最美？80%的人想到的都是歌手、演员，为什么不会想到康辉呢？这就是传媒和娱乐的区别。你说康辉长得帅吗？说实话，他刚出道的时候不帅，但是如果说现在谁能够在《新闻联播》中代表中国的形象，那非康辉莫属。这就是做传媒对于知识和气质的要求。尤其是第二个"形象、声音和知识"，它会支撑你完成你的职业生涯。如果你不从事这一行，那不在我的解释范围之内。这是我认为的对于一个解说员的要求。

我还想说说传媒的两个点：一种是"我是"，一种是"我在"。你们看过电视，对于好演员的评价标准是什么？他演谁是谁，对吧？比如，她演慈禧她真是像慈禧，他演汉奸他就是汉奸。对于一个演员的最高要求就是演什么是什么，那新闻是什么呢？我在，我在现场，我是一个旁观者，是在距离事件发生最近的地方告诉你正在发生什么和可能发生什么的一个人。这个人就是传媒人。这就是"我是"和"我在"在影视和媒体中的区别。

体育解说是什么？体育解说是"我在"，同时也是"我是"，这是最难的。我在一个可能和你同样的环境下，只是不同的地方，来告诉你正在发生的事情；同时我又要把你带到正在发生这件事情的现场。我是一个解说员，但同时我又是这场比赛的构成部分，我要让看球的人直接体会到踢球的人的感受，这就是"我是"和"我在"。对于解说员的要求就是这么高，你要想做解说就得往这个方向发展。在英国、美国，主持人、解说员是截然不同的，不像在国内，前半小时出镜念念广告，到了比赛再来解说。在国外，是前半小时传递所有信息，然后该进广告进广告，到解说的时候把这个toss

（引子）给现场的 commentator（评论员），由他来 take over（接活），由他来解说，这就是主持人的“我在”和现场评述员的“我是”。但国内要求是二者合一。当然，文化背景不同，发展的途径不同，对于你们这些想入行的要求也就不同。所以，你既要学会“我在”，也要学会“我是”。你如果有耐心完成这些，你一定会成为一个好的解说员。

说一说体育解说的赛前准备。

首先是规定动作，包括原始信息，球队（员）资料、比赛录像。赛前的准备就是解说员在赛前的资料整理：张三进了几个球、李四进了几个球、上一个进球是什么时候、助攻他的是谁、主场的胜平负、客场的胜平负等，这都是原始信息。还有球员和球队资料。说到比赛录像，我不知道你们有没有一个习惯，比如说我要准备一场比赛，我会看以前的比赛录像。像吴桐，她已经解说了六七年，她现在也得看比赛录像。当我准备解说一支球队的时候，一定会把前面的录像看一看，当然现在基本不看了，因为八九不离十。如果没有积累的话，你必须要去看，并不是我看了张三以后就知道他下场比赛怎么踢了，而是你要对他有一个感知，这就是比赛录像给你带来的帮助。

其次是进阶动作，包括对手信息、教练“瓜葛”、详尽数据等。对于你们来说，客观上还是有一定难度的。你可能觉得对手信息没什么难搜集的，那不是对手的信息呢？比如说我这场比赛和对手的一些背景信息，我们交手多少次，其中我赢了多少次，输了多少次，这都是硬性的东西。更多的是，当穆里尼奥带着曼联去打曼城的时候，可能是一种什么样的心态，可能用什么样的方式，可能用的是哪些人；当他去打利物浦的时候，可能用的是什么人、用的是什么方式。你们应该都踢过球，当你们对一个比自己弱很多的球队时，你们的心态是什么样的；和一个比自己强很多的球队比赛的时候，心态又是什么样的，肯定是截然不同的，这就是对手信息。教练“瓜葛”，比如说穆里尼奥、瓜迪奥拉有什么样的瓜葛；利物浦和曼联又有什么样的瓜葛；皇家马德里和某队又有什么瓜葛。这个瓜葛不光是教练之间的，教练和老板之间、教练和球员之间又有什么样的问题？穆里尼奥走了，博格巴发了一个推特。他发出来以后，没过两天就删了，这就反映出他们的矛盾。如果你仅仅是个“吃瓜”的观众，是个球迷，你看完可以一笑了之，如果你做传媒，你就应该有一种预感，这种预感不是说预知他发什么，而是你要知道他们俩之间有矛盾，一定会发生一些事情，这就是你做媒体人的责任。比如，穆里尼奥走了以后，曼联马上表现那么好，为什么呢？如果我是观众，无所谓，打得好就好，打得不好那另说。但如果你做一个体育解说或者体育传媒人的话，你就得有一种预判。

再次是高阶动作，包括知识储备、人文地理、文化底蕴等。这不是说你做解说或者你不做解说才需要的，说得稍微夸张一点，你就是不做传媒，也应该有这方面的积累。要大量地去阅读，让自己的知识面无限扩张。我们都说解说员是“杂家”，我个人觉得这个“家”用得过大了，解说员应该更多是一个涉猎广泛的知识分子。你不需要懂那么详细的天文地理，但是你要略知一二，包括联赛的成立背景和文化背景、球队的背景、球员的背景，这都是需要积累的。有很多东西在解说的时候不是你能说出来的。你们可能有疑问，平时积累那么多，说的时候说不出来或没时间说是不是很可惜？是的，90 分钟的比赛不会给你那么长时间说，但是它会增强你的底气，会让你说出来以后非常霸气，因为你知道它所有的根源。比如说，世界上第一个合顶的体育场是谁建造的？埃弗顿和利物浦是如何分割的？ AC 米兰、国际米兰是怎么分离出来的？这个教练和那个教练有什么样的关系？你是知道还是不知道呢？这些可能在解说的时候说不上，但是它会给你非常强的底气。久而久之，大家对于你的信息量、你的知识架构就有一定的了解。而且，不是每场比赛你都没机会说，如果遇到比赛能够进行但又无法正常进行的时候，就像前段时间我解说曼城那场比赛，突然下起鹅毛大雪，比赛已经没有办法正常进行的时候，就是补充信息最好的时候。你可以说很多这样的故事，比如，几几年几月几号，由于什么原因突然停电了；几几年几月几号，哪支球队和哪支球队由于大雾没有办法继续进行比赛了；几几年，由于比赛用球出现了问题，促使后面在下雪天改成红球或者黄球。这都是你发散思维的时候，到那个时候你再去想，对不起，可能你这辈子都没这机会了。

最后说一说 play by play 和 color commentator，国内叫作 A 角和 B 角。什么叫 play by play ？就是在转播或者剪辑的时候一帧一帧的画面，我们这些人说的是 play by play，就是要告诉观众正在发生什么。什么叫 color commentator ？就是在解说过程中增加了很多其他的附带元素，也就是我们所说的战术分析、人员状态分析等。我们常说“知其然，知其所以然”，A 角告诉你“其然”，B 角告诉你“其所以然”，这就做 A 角时和 B 角的区别，就是 play by play 和 color commentator 的区别。color commentator 原本指的是从黑白电视转变为彩色电视以后，美国当时为了让比赛更加有趣，就把黑白涂点颜色，用来形容体育解说很传神。在 ESPN 的时候，我最初做 B 角，后来做 A 角与陈熙荣教练和李元奎指导搭档。李老就问，主要说什么呢？我当时举了个最简单的例子，如果不知道什么时候该说，那就这样：慢镜头的时候你说，平常镜头你不说，因为李老刚来的时候也不知道什么叫 color commentator，也不知道什么时候该说战术。结果我们俩刚开始合作的时候，前几场比赛几乎没有慢镜头，老爷子一场比赛加起来也就说二三十句话，给我急的，李老也挺着急。过了一段时间，他进入角色了，就知道什么时候该往里加，什么时候该撤出来。做久了以后，你会发现 A 角和 B 角搭档非常熟练，这就是他们默契的体现。

二、体育解说员的内功

说说体育解说员的内功。首先向大家说清楚，如果你想一本万利，或者成为明星，千万别干解说，这会把你所有的梦想都给扼杀，因为解说是一个非常苦的差事。

第一，你得钻研，包括比赛研究和比赛阅读。

比赛研究，刚才已经提到了，就是你得看很多比赛，而且得看那些无聊的比赛。我记得在 ESPN 刚开始解说的时候，说了很多比赛，是什么比赛呢？智利联赛、乌拉圭联赛、玻利维亚联赛、墨西哥联赛等，得说这些比赛才能够提高。首先，现场转播室非常非常简陋，20 世纪 90 年代的转播技术本身就不高级。其次，南美人花里胡哨。一件衬衣上面全是花里胡哨的东西，也不知道是广告还是自己弄的。再次，南美的阳光照得很厉害，每次镜头给号码，基本上看不太清楚。我们那时候没有条件像现在这样通过上网搜集资料，经常是比赛前 20 分钟从现场发来一份手写传真，南美人写字有点奇怪，基本上看不太懂，就是连蒙带猜。我印象特别深，解说乌拉圭联赛的时候，11 个人前面都写的一个名字“tokuz”，也不知道这是个人还是个队，因为有些传真出来以后只能看一半，就不太清楚。我当时跟严明解说，我俩都是现场翻译。翻着翻着，我发现不对，因为 11 个人肯定不能叫同一个名字，这翻译肯定不对，我俩把“tokuz”翻成“脱裤子”，等真正上口的时候发现这完全不对。后来才知道，前面那一个字是他们队的绰号，也不知道他们怎么想的，把自己队的绰号写在最前面，后面才是名字，一半名字都看不清楚，那次基本上是盲说。盲说怎么说？我们有一个分工，因为号码偶尔能看清楚一点，写个名字，你看这几个，我看这几个。然后，我说两分钟，你说两分钟，就这么解说出来了，这样大概有小一年的时间。当比赛很无聊可能都没人看的时候，你也得认真去说、认真去准备。即使这个材料非常非常有限，你也得去做功课。不是说只为了把某一场比赛说好，而是要养成一种习惯。慢慢地，功夫深了，也就非常容易驾驭这样的比赛了。

比赛阅读，首先得懂，然后得知道。知道设身处地、换位思考，作为一个教练或者做一个球员，怎样去准备这场比赛；作为解说员，怎样去阅读这场比赛。所谓阅读，就是预判，预判的体现就是比赛到一定程度可能换谁、应该换谁。比如，中国队比赛的时候，全国人民都知道洛国富该上了，为什么呢？因为大家都知道。这是比赛阅读能力。比赛阅读、比赛研究，可能每个人的角度不一样，但至少你得阅读，你得有这个功底。

第二，要善于总结，要静默说球和自我复看，这是修炼功夫的必备能力。所谓静默说球，不是让你不说球，而是“黑说”。什么叫“黑说”？一个黑屋子、一台录像机，自己给自己说，说完以后还得复看，说得对不对，说的时候是不是把资料说得准确，别正在说张三的时候（这张三如何如何，他哥是谁，他爸是谁），那边李四进了一个球，你还在说张三。

第三，就是储备，要阅读比赛和非比赛书籍。在很大程度上，让解说员之间最后拉开距离的就是知识的积累。内功越深，对于比赛的理解就越深。可能也就是那么一两场比赛中间的一两分钟，你说得跟别人不一样，说得更深邃，久而久之你跟别人的差距就逐渐拉开了。很多比赛蕴含着地理之别、宗教之别、历史之别等。

地理之别，像灯塔德比[①]、海港之争等。

宗教之别，我不知道你们有多少人听说过苏格兰的“老字号”（凯尔特人与格拉斯哥流浪者，同在苏格兰格拉斯哥市，同属苏格兰足球超级联赛，垄断苏格兰足球超过百年，合称“老字号”）。作为同城宿敌，“老字号”从一开始就老死不相往来，为什么？因为宗教不同（凯尔特人的球迷都是天主教徒，大多是社会中上层人士，流浪者球迷都是新教徒，属于社会底层人士，因此两支球队之间的对抗被注入了宗教信仰与社会矛盾的碰撞），你如果不读书就不知道。你们知道西班牙和意大利吧？西班牙和意大利的生活很随性，如果我问你，西班牙人和意大利人、英国人和德国人之间，谁更遵守时间？你们一定说英格兰人和德国人，为什么西班牙人和意大利人相对不遵守时间呢？宗教不同。这就是为什么你经常看到西班牙足球在比赛开始之前改时间，而英格兰足球除非有天灾人祸、不可抗力，否则绝对不会改时间。这就是为什么欧洲大陆的很多球员去英格兰后适应不了，我们都知道英超很激烈，英格兰人看到不会觉得我把你撞倒在地有什么，英格兰人会马上爬起来，为什么？我不知道这里有没有C罗的球迷，为什么一开始C罗摔了以后，很多人都在嘘他？因为英格兰人接受不了，这是他们的宗教理念不允许的。但是慢慢地，他们接受了，C罗现在已经成他们的偶像了。这也说明现在是一个大融合的时代，但从根本上，他们和欧洲大陆的很多国家（尤其是南欧、东南欧这些国家）的天主教本质上的教义是有所不同的。

历史之别，就更好说了。利物浦为什么不服曼联？[②]埃弗顿为什么不服利物浦？埃弗顿确实打不过利物浦，但是埃弗顿的历史比利物浦厉害多了。在利物浦，你要是在埃弗顿地区说我是利物浦球迷，当地居民会觉得你是个“土老帽”，你喜欢不应该喜欢

① 灯塔德比：意大利四大德比之一，对阵双方是热那亚市的两支意甲球队——热那亚足球俱乐部和桑普多利亚足球俱乐部，因为热那亚市以灯塔闻名于世，所以两队之间的德比又叫作“灯塔德比”。

② 1715年利物浦建成英国第一个船坞，并因为奴隶贸易逐渐繁荣起来。曼彻斯特城市建立虽早，但发展一直较为缓慢。随着工业革命兴起，曼彻斯特作为世界上第一座工业化城市迅速发展起来，成为英国第二繁华城市。因为历史原因，两座城市、两支球队的关系一直非常微妙。

的球队。曼城也是这样。这是一种球迷之间相互较量的可爱，并不是谁看不起谁，这就是一种文化的传承。

说到对背景的了解，要多读历史书和哲学书。你们可能有时候想努力，但不知道怎么努力，很简单，就读历史书。读历史书对你所有的一切都很有帮助，而且你会知道很多典故。我录国家队的抖音，说国家队输了，输了以后可能只能从“宣武门”回来。当时，你们的学长小孙很认真地给我发了条微信说，“苏老师，从宣武门回来是要砍头的，这是不是说得有点过了，输了场不至于死吧”。我就回复他，在古代，出了宣武门就是菜市口，但是出了宣武门不只有菜市口，那时候门上有个匾叫作“后悔迟”，“迟”是“迟到”的“迟”，时刻提醒你。从那儿走，会有一种警诫的作用，其实是那个含义，就是你回来只能从那儿走了，为什么呢？因为你们肯定没有办法从德胜门回来，因为你们让所有人都失望了。到那个门的时候，即使后悔也晚了。对于这种典故，如果读书多的话，你当然也就知道什么意思了。此外，还有“上帝第七天创造了曼彻斯特德比”的说法。很多人都知道，上帝第六天创造了人类，“第七天创造了曼彻斯特德比”这个话是曼城人说的，那时候曼城跟曼联比属于“高攀”。其实，曼城一开始实力是强于曼联的，后来因为各种各样的原因，球员去了曼联，去了曼联就拿冠军了。1974 年，丹尼斯·劳打进了著名的脚后跟进球，帮助曼城 1∶0 战胜曼联，让曼联降级。前面的这些故事积累以后，形成了这样的典故。读书太关键了。

图 5　2016 年苏东采访范加尔

下面我们来说一说采访。上面这张图是很有故事的。刚才薛老师带俩学生采访我，我们都坐着，如果薛老师带俩学生站着采访我，那我一定也会站着。但是这张照片，我为什么专门挑出来了呢？

第一，采访时机。你想采访谁，什么时候采访，因为什么采访，这是非常关键的。

第二，采访技巧。你能采访谁，如何才能实现一次临场的意外采访，这要靠技巧。

2016 年西班牙国家德比，我跟王涛去现场讲比赛，我希望采访范加尔，但没有事先安排好。范加尔来的时候，我就问他，“一会儿能不能采访你？”范加尔说，“no no，don’t even think so”，就是你连想都不要想。为什么呢？因为他来之前跟所有人都说了，不接受任何采访，他只是去做一场 90 分钟比赛的解说和评论嘉宾，任何采访都不接受。后来，我们从后面走的时候发现他坐在那儿，我就跟王涛说去采访，王涛说，“老范不让采访，东哥咱别去了”。我跟摄像师说做好准备，我走到老范旁边跟他聊起来，“你这次来做这个评论员，对这个国家德比怎么看？”我说我们是 greetings，就是寒暄一下。聊完两句以后，我就开始问他英超的事、足球的事，他一一解答。我当时跟他对话了大概二三十分钟，全程他坐着，我站着。我越发觉得这老范真贼，他说了不接受采访，但你会从他的言语中感觉出来，他有非常强的表达欲望，只是受到了各种各样的客观因素的限制。所以对话的形式有很多，但你要把握好时机做到让他想说。令人生气的是，摄像师没准备好，因为内存不够只录了七八分钟。

当你从业了一段时间之后，你会有一种非常深的体会，这不太容易用言语形容，但潜意识中你通过长时间的积累会阅读人了，而且你在采访过程中会体会到对方有没有倾诉的可能。外界不会认为这是采访，只是聊聊天。范加尔也没有违背合约，但我们达成了对话。

另外就是演播室的正式采访。2018 年世界杯的时候，我在腾讯，去俄罗斯采访。节目名称叫《巨星驾到》，采访了温格、图拉姆、西多夫和卡卡等人。既然是采访，你就得营造一种非常舒适的环境，第一不紧张，第二放松，第三要让采访对象说想说的话。最重要的是你要营造一种适当的氛围，让他说出来以后觉得很舒服，而且能够让他说出来你想要的答案。提问题，不是简单的你问他答。我采访温格的时候，当时中超联赛有很多老外，我就跟他说中超联赛现在给的薪资很多，你是怎么看待这事的？他就说他不会来中超执教，这就是我想要的问题，但并不是我开口问的。

体育解说还需要情绪的调动、比赛的代入和氛围的营造，给大家放两段比赛的开头（opening）。

巴拉多利德 VS 马德里竞技：如果你熟悉塞万提斯与堂吉诃德，那你一定也听闻过巴拉多利德——这座皮苏埃加河畔有着悠久历史的城市。当然，如果你身处此境，能给你留下深刻印象的不仅仅是塞万提斯故居、零星点缀的古迹、饱含故事的博物馆，一定还有这座洋溢着激情和热血的索里利亚球场。2018 年秋天，外星人罗纳尔多成为这里的统领者。一年过去，他们披荆斩棘完成保级，如今的新目标是五年内进入欧冠战场。今天到来的客人是来自马德里的军团，他们面对主队 8 场不败。尽管实力差距一目了然，但这并不会影响任何人对于胜利的渴望。在上周经历了德比的闷平，又远赴俄罗斯多线作战，“床单军团”（马德里竞技足球俱乐部）能用三分继续站稳争冠行列吗？ 2019—2020 赛季西班牙甲级联赛第八轮在索里比亚球场，巴拉多利德主场迎战马德里竞技。

双红会——曼联 VS 利物浦：他们每次的对决热血沸腾，他们每次的碰撞惊天动地。百年恩怨、世纪纠葛。他们既有世界上第一条城市间的铁路运输，也有城市间不可调和的竞争。他们一个被叫作“打工仔”，另一个则被叫作“吸血鬼”。从工业革命开始，两座代表性的城市交相辉映却又势不两立。他们都认为，只有自己的城市才是英格兰的代表，只有自己的城市才是冠上之珠，他们就是利物浦和曼彻斯特联队。竞争在城市之间渐渐消失，却在足球赛场愈演愈烈。从 1894 年 4 月第一次的双红会开始，双方都将把对方拉下马为己任。两支球队各领风骚 20 年，当红魔碰到红军，既有杰拉德的狂吻镜头，也有加里 · 内维尔的亲吻队徽；既有 12 次的相互转会，也有球星的嗤之以鼻。这是历史的沉淀，也是历史的开始。我们正在见证历史，我们也正在成为历史。故事不会结束，还将继续下去。今天，我们将一起走过这短暂的 90 分钟，见证第 208 届曼彻斯特联队与利物浦的双红会。

解说 opening 是我在 ESPN 就开始有的习惯。首先我觉得对于一个解说员来说，在进入比赛时最重要的是要调动看球人的情绪。其次，要有比赛的代入感。我刚才说到聊天式的解说可以有，但尽量不要有，我个人认为比赛本身就是激烈的、残酷的、有强烈对抗性的，你要让观众能够感受到这种氛围。除此之外还有现场的氛围感。无论你是山东的球迷、北京的球迷、上海的球迷，到现场去看了 90 分钟球以后，你一定感到声音非常嘶哑，非常累，为什么？你有现场感，你看的是现场的比赛，你会下意识地融入其中。可能在电视机或者拿着移动屏在看的时候，不会有这个感觉。这个感觉是谁的责任？是解说员的责任。解说员需要把这种现场的感觉、现场的氛围，带给拿着手机的人、看着电视的人。

三、融媒体环境下解说员的现状

最后来说说解说员的一些情况。

大家都知道，电视、报纸、杂志等相对来说已经是传统媒体了，为什么你们喜欢看话剧，但是对报纸就比较抵触？因为看报纸没有身临其境的感觉。看话剧，你欣赏的是艺术。传统媒体的优势是什么？我不用说你们一定都知道，比如权威性、质量高、观感好等。新媒体呢？ New Media，它也有它的优势，比如时效快、个性化、交互性等。从解说角度来看，版权平台解说，如爱奇艺体育、腾讯体育、咪咕视频等，虽然是在新媒体平台，但解说方式和职业成长还和以前差不多。社交平台的解说需要更多互动性。作为解说员，你可以互动吗？可以，但不是在比赛过程中频繁地互动，其中分寸的拿捏需要你自己不断摸索。现在是一个万物皆可融的时代，无论是微博、抖音、快手、B 站……都是你工作的附加值。通过社媒和观众进行交流，你对某一个球员、某一个球队、某一场比赛有哪些看法？这种交流让观众和受众既有参与感，同时也不影响直接看球的观感。但我一开始就说了，你的积累、磨炼，不会因为你在哪个媒体，使用什么媒介而改变。万变不离其宗，你不练，无论是新媒体，还是旧媒体，跟你都没多大关系。

图 6　苏东的授课 PPT

要跟大家说明，流量不等于质量。我们都在说谁流量大，但是如果不讲究质量，我个人认为这其实百害而无一利，第一，肯定长不了，第二，永远追不上。只有讲究质量，流量也许会起到帮助的作用。所以，我常说解说一定要有“封存性”。什么叫“封存性”？再过 20 年，再过 30 年，你曾经解说的比赛，球迷再回看时是不是还能有一种比赛的解说感。你如果说“梅西踢得很牛，yyds[①]”，估计二三十年之后没有人知道“yyds”是什么了。封存性、历史的存在价值，这就是我对解说最大的感触，无论是传统媒体还是新媒体。

四、给未来体育媒体人的建议

给各位提些建议，在前面的采访中都有提到。

① yyds：网络用语“永远的神”。

首先，踏踏实实。不要好高骛远，一定要有耐心，不要为外界的一些东西所迷惑。

其次，要能吃苦。把目标盯准了以后咬着牙，谁能够跑到最后，谁就能跑出来。我特别相信一句话：干这行的，没有人说是要比天赋，比的都是努力。你花的时间多，你在未来一定就比别人说得好，这是很正常的。

最后，要有开放性的思维。这个 open minded 就是用一种更现代的、跟上新时代形式的思维去做现在的工作，但无论这个世界再怎么变化，吃苦、持之以恒、耐心是永远不会变的。你们几年前考大学，外面世界的诱惑非常多，但是你们肯定每天踏踏实实地趴在桌子上，老老实实地啃课本、做习题。道理就是这样。等到一定的积累完成以后，思路开阔以后，你们会逐渐进入到一个新的阶段，那时候有些人被淘汰了，有些人留下来了，留下来的都是尖子。现在有很多要做解说的人，我们那个年代也有很多做解说的，但不像现在这么多，我们那个年代的人留下来的其实并不多。这个世界在变，你的努力只要不变，就一定会得到回报。

图7　合影

人物摄影：崔世鑫

文字整理：李秉昊　杨加丞　胡　华　李　晶　尹素伟　薛文婷

采访时间：2021 年 12 月 21 日

采访地点：北京体育大学北体传媒演播室

苏群面对面

图 1　苏群

苏群，1968 年生，著名篮球解说员、评论员、自媒体人。1988 年就读于国际关系学院国际新闻系；1992 年进入《中国体育报》国际部；1993 年成为《中国体育报》国际部正式记者；1994 年开始在中央电视台做篮球解说嘉宾；1999 年任《体坛周报》篮球部主任；2004 年创办《篮球先锋报》并任总编辑，直至 2014 年。现在腾讯、咪咕等新兴媒体做篮球解说嘉宾。

苏群访谈

现场解说是为了带给观众身临其境的感觉

图2　线上采访

访谈嘉宾：苏　群

访谈师生：薛文婷（教师）许小龙（学生）崔世鑫（学生）

一、1994年第一次解说NBA

薛文婷：大家好！今天非常高兴邀请到了苏群老师。苏群老师是1992年进入《中国体育报》的，迄今已经在体育新闻传播战线工作了30年。在此期间，他实现了“三个转向”：从体制内媒体转向市场化媒体、从综合性体育媒体转向专项类体育媒体、从传统媒体转向新兴媒体。他还有“三个资深”：资深的NBA记者——1993年开始报道NBA；资深的篮球解说嘉宾——1994年开始在CCTV解说NBA；资深的篮球自媒体人——2014年创建“苏群”微信公众号并一直是体育自媒体公众号中的佼佼者。苏群老师，您第一次解说的篮球赛事应该是NBA总决赛吧？

苏　群：印象当中，我第一次解说篮球是1994年6月在央视解说的NBA总决赛，但央视直播NBA是从当年2月的全明星周末开始的。在接下来的94-95赛季，央视开始直播或录播 NBA 的常规赛，一般是一周两次。周中是直播，周二或周三，在 CCTV-2 播出；周日是录播，我们上午录像，下午 2 点左右在 CCTV-1 播出。当时还没有体育频道。

薛文婷：后来有了体育频道，是不是就都开始直播了？

苏　群：对，体育频道的节目基本上都是直播。最开始是模拟信号，无法延时直播，美国当时也是模拟信号直播。信号通过卫星传送过来，我们一边解说一边直播。进入数字时代之后，为了播出安全，央视开始使用索尼的备份系统，简称“索备系统”，可以监看比赛实时信号并延迟播出，通常我们在解说席收到的直播信号会有 20 秒钟的延迟。

薛文婷：1995 年，CBA（中国篮球甲级联赛，2005 年正式更名为“中国男子篮球职业联赛”）开始了，您是不是同时在央视解说 CBA？

苏　群：我是后来才解说 CBA 的。CBA 最开始没有那么热门，转播要求比较低，转播效果也不太好。2003 年，李元伟上任篮管中心（国家体育总局篮球运动管理中心）党委书记兼主任以后开始改革中国篮球，包括规范 CBA 的场地配置。原来有些赛场达不到直播要求，第一个是设备问题，第二个是转播团队水平问题。李元伟还出台了“北极星计划”，通过了 CBA 联赛准入制度，要求各俱乐部的赛场要达到转播标准。他还成立了转播公司，帮助各个赛场架灯光，不然摄像机拍到的画面太模糊。央视在北京奥运会前两年就已经开始使用高清信号了，画面达不到要求无法在央视五套播出。

薛文婷：解说 NBA 和 CBA，有何差别？

苏　群：获取信息方面差别很大。解说 CBA 时，因为我跟许多球员、教练和经理都比较熟，遇到问题，我可以在比赛前大约一个小时跟他们联系，进行一些比较简单的沟通，了解观众和球迷关心的问题，比如哪个球员已经好久没打了，今天能不能复出？球队发生了什么问题，最近怎么会连着输？NBA 的信息是公开的，在网络兴起以前我也只能凭借一些正式的文章去了解他们的信息。而关于 CBA，我在了解内幕上面稍微有一些优势。再者，CBA 的战术打法相对简单一点儿，不会那么复杂。NBA 球员的身体素质更好，比赛不完全是按战术进行的，个人英雄主义成分比较多。

薛文婷：您更喜欢解说 NBA 么？

苏　群：NBA 跟 CBA 的受众重合度不是很高。这两个赛事的播出时间不一样。NBA 在早上，观众比较固定、忠实，以年轻人为主，集中在周末，周中也会有一批闲人或者逃课的人去看。CBA 更大众一些，受众涵盖的人群和年龄跨度非常大，从青年人到老年人分布很均匀。由于比赛水平问题，许多年轻人可能对 CBA 兴趣不大，但大部分 CBA 观众有多年的看球经历，对追随多年的球队非常了解。另外，CBA 的比赛时间都在晚上，这也是促使其更加大众化的一个重要原因。现在，看 CBA 的年轻人慢慢多了，互联网的发展也使得 CBA 的观众呈现出一些特点，比如现在可以在互联网上留言，出现了比较严重的地域化倾向，像辽宁球迷、广东球迷人数非常庞大，其他地方球队的球迷相对比较分散。这有点像欧洲足球五大联赛的观众，他们只关心自己的球队。曾经有一个足球记者说：足球之所以比不上篮球，就是因为足球的球迷太分散；虽然总体人群不少，但被切割成英超一部分、德甲一部分、西甲一部分、法甲一部分、意甲一部分。而全世界篮球迷都会看 NBA，所以 NBA 受众的凝聚力就更强一点，球迷的黏性也更强一点。

就 CBA 而言，转播特性决定了即使同一批观众，其接收方式也不一样。以北京首钢为例。现在很多地方体育频道都撤掉了，而北京广播电视台是有体育频道的，而且有很大一批观众，他们多年来都是看北京体育频道的。比如，有人喜欢看马重阳的解说，那么只要有首钢的比赛，不管是主场还是客场，他都会看北京体育频道的直播。其他新老球迷也会通过各种形式观看比赛，支持家乡球队。当然，你也会发现不同的频道、平台会有不同的受众，比如央视汇聚了一批受众，他们可能播什么看什么，北京电视台有一批固定受众，腾讯、咪咕也有一批受众……我们之前研究过北京体育频道的数据，它凝聚了相当一批本土观众。这些生活在北京的北京人在看比赛的时候，特别喜欢夸他们支持的球队，解说员把对方说成什么样，他们都无所谓。但客队球迷就不同了，好不容易看一场北京打辽宁的比赛，他们接受不了北京电视台比较有倾向性的解说，就转到咪咕或央视去了。这么看来，受众群体是比较分散的，任何一个播出频道或平台都很难成为 CBA 转播的绝对主流。

薛文婷：您刚才谈到北京体育频道，最开始还有一个北京有线电视台体育频道，对吗？

苏　群：对。2001 年，北京有线电视台和北京电视台进行了合并。北京有线电视台于 1992 年 5 月试播并开通了一个转播美国 ESPN 体育节目的频道，于 1993 年 5 月正式播出，1994 年正式开通体育频道。张斌大学刚毕业的时候参与创办了北京有线电视台并在转播频道负责导播工作，北京有线电视台的解说员毛庆顺是宋世雄老师的学生。我和毛庆顺老师一起说了很长时间的 NBA。北京有线电视台的信号制作很简单，我们就坐在一个加起来也就 30 平方米的屋子里，里面有张桌子，上面放了个台标。我记得那时候没有冷光源灯，都是热光源，屋里特别热，经常流汗。灯的质量不是很好，我遇到过一次炸灯事件，很可怕。灯一炸，会有烧焦的火星颗粒掉下来，一个个黄豆那么大，掉下来就是一个个黑洞。这种时候，大家就都往桌子底下钻。

二、让观众看完以后觉得积极向上

许小龙：今天，苏群老师在咪咕解说了 NBA 东部决赛的第七场，能不能请苏老师介绍一下在新媒体平台的解说经历？

苏　群：现在所谓的新媒体直播和传统的央视直播没有太大区别，特别是在制作信号方面，唯一不同是在接收方式上。随着移动端的发展，球迷有了多种接收方式，数字平台直播便有了移动性。现在大部分人可能看电视的方式是通过数字信号，手机 App 的便携性使得很多人可能更愿意通过手机收看，或者把手机信号投到传统的电视屏幕上看。这是我认为新媒体直播最大的不同。在制作方面，从新浪到腾讯，一个比一个先进。2008 年 10 月，NBA 中文官方网站落户 TOM 网，首次提供每日在线赛事直播。当时，TOM 网的演播室在北京电报大楼的地下室，摆着一张课桌那么大的桌子，我和柯凡解说。2010—2011 赛季开始，新浪获得了 NBA 的中国大陆新媒体转播权，我就开始在新浪解说。新浪有自己专门的演播室，虽然还比较简陋，但比 TOM 网好很多，比当初北京有线电视台也好很多，有背景、有装饰。比起传统的电视直播，数字直播平台用的是流媒体，比赛直播信号输送变成了一个数据包，再通过网络发送到观众的移动端。不过对解说员来说，从开始直播到直播结束，在新媒体直播没有什么区别，要说不同就是演播室的不同。现在腾讯对演播室的投入非常非常大，有几个非常漂亮的演播室，可以进行多功能的展示，包括商业展示，比如赞助品牌可以通过大屏幕、解说台的摆件、LED 屏等进行展示。央视也有类似的可以进行多功能展示的演播室，能进行多媒体的比赛直播。

薛文婷：苏老师也去过比赛现场进行解说，您觉得现场解说和演播室解说差别在哪儿？您更享受哪一种？

苏　群：这个区别是非常大的。我在直播的时候也跟观众说过，如果有机会，一定要去现场看篮球比赛，在现场看比赛的感受跟在电视和手机上看是完全不一样的。职业运动员的身体素质、球技和比赛的真实对抗等，展示在眼前跟在屏幕中看是完全不一样的，到了画面里就要大打折扣。至于说在现场直播比赛，条件最好的还是 CBA，因为总能给我安排相对不错的席位，都是在场边。NBA 就分两种情况，一个是全明星周末，还有一个是总决赛。全明星周末的时候，解说席大部分都安排在场边，NBA 把场边最好的位置都留给了电视台——央视一直是最好的待遇，腾讯在场边的位置也特别好，因为 NBA 很重视中国市场。总决赛就不一样了，第一是总决赛场次多，第二是总决赛球票卖得贵，那 NBA 就不给你安排场边席位了，最好的位置是二层包厢，在这种位置就只能看着监视器里的比赛画面解说了。所以，解说总决赛的时候其实看的是电视画面，但是你能听到现场观众的喊声，氛围还是挺好的。总的来说，现场解说的目的是为了带给观众身临其境的感觉。

许小龙： 刚才苏老师也说了信号制作和比赛设计的问题。您觉得在不同级别的演播室当中解说，需要注意的点是什么，这种解说的感受有什么区别?

苏　群： 对我来说没有区别，我只关心我和屏幕的距离。有的平台可能比较简陋，监视器会比较远、比较小，而且耳返的声音不会那么大，这种情况下我总觉得感受不到真实的东西，或者感觉离比赛画面的距离非常遥远。腾讯在这方面是做得最好的，腾讯的转播台上每个人下面都有一个高清监视器，里面有清晰的比赛画面，每个细节都能看得很清楚。不过本质上是没有什么区别的，作为解说嘉宾，直播一场比赛最重要的是跟主持人（解说员）合作，让观众不烦你们。现在的观众都很挑剔，每个主持人风格都不一样，有的话比较密一点，有的话比较稀一点；有的沟通性比较好一些，他会跟你交流；有的更集中在说比赛场上的事情，或者包括他自己准备的一些东西……不论如何，尽量要做到让观众不烦你们。比如，当对方在说的时候，你不要强行去跟他争夺话语权，要让大家跟你们有一个能够形成共鸣的点。最关键的就是不能让观众觉得解说员吵着他看比赛了。就解说内容而言，我一直很注重学习，我会听国外那些比较有名的主持人、解说员怎么说，比如我比较喜欢听范甘迪和马克·杰克逊的解说。我会思考他们在解说时说了些什么，他们的语气是什么，他们的术语和战术的表达含量有多少，等等。我也会注重从这些解说对裁判的评价中获得一些经验，比如范甘迪有一个鲜明的特点，就是他常常质疑裁判，他会说，“我觉得这个裁判吹得不对，这明明是一个进攻犯规”。他敢去质疑，虽然也经常说错，打脸是经常有的，但是他能比较大胆地把这个说出来。比赛当中，我也愿意大胆地把自己对球、对比赛的判断说出来。比如，说东部决赛第六场，下半场犯规非常多，当时怀特去干扰巴特勒手里的一传，把那个球给切掉，然后被判了一个犯规。这个犯规挑战失败之后，我记得我当时说，“这是个好球”。赛后，微博上有人说我的话都是反的，质疑我的专业性。那场比赛最后 2 分钟的裁判报告印证了那个抢断确实是一个好球，却被判成了犯规。我认为当时自己的判断是正确的，没必要在乎网友说什么，把你自己对规则的理解告诉观众就可以了。

许小龙： 老师说的这个话题涉及主观性和客观性，您如何看待解说的主观性和客观性?

苏　群： 我还是以范甘迪和马克为榜样。他们关于主观和客观的尺度掌握得非常好。首先，他们做到不去伤害教练和队员。他们明明看出来很多东西，但是不会带着偏见去解说。热火队的中锋阿德巴约有一段时间起伏非常大，只在东部决赛的第三场和第七场表现不错，大部分表现都跟身价不符。但我没有听到 NBA 的解说员说阿德巴约不好，不会去指责他，可能会说阿德巴约侵略性应该更强一些。但在我们这里，可能你得说得更鲜明一点，因为我们跟他们没什么关系，你得跟球迷直接指出来。比如，说阿德巴约的进攻能力是因为技术基本功不够，或者说性格导致他进攻上侵略性不强，跟他身价不是很符合，这是我能给的最深的解读，不能再往下说了。从客观性来讲，更多要展现场上出现的情况是由进攻引起的，还是由防守引起的，要做一个客观的分析。总而言之，主观性要有一个“度”，这个“度”指的是不要去对球员的表现做过多的指责性评价。NBA 作为一个产品，解说在某种意义上也是产品的一部分，目的是为了让观众感受到它的娱乐性，产生愉悦的感受。无论是追星、追球队，还是纯粹热爱篮球这项运动，让观众看完以后觉得很积极向上，这是作为解说员的义务。比如，今天巴特勒打得很不错，一个人打了整整 48 分钟，还拖着一条伤腿砍下 35 分，这时候输赢都不是很重要了。如果你能把这些信息传达出去，也更符合 NBA 这个产品的特点。

三、解说专业的学生应打磨扎实A角技巧

崔世鑫： 您刚刚提到了 NBA，有您印象特别深刻的片段吗？

苏　群： 2018 年 NBA 东部决赛的时候，詹姆斯有一个上篮遭到犯规但对手根本拉不住，还被打成二加一。我当时就很感慨，现在我们能够跟詹姆斯同处一个时空，能够看到詹姆斯还在打球，这是很幸运的一件事儿。科比去世以后，很多人会反省，当时看球的时候并不太喜欢科比，有人是因为科比打败了他喜欢的球星，有人觉得科比打球太毒，还有一种纯逆反心理，就是你们越说科比伟大我就越不喜欢他。但意外发生以后，人们发现原来我没有珍惜科比打球的时光，等到回头想要体验崇拜科比的那种感觉却已经没有机会了。1998 年乔丹退役的时候，就有观众给我写信说，乔丹退役了，他一下子眼泪就下来了。这封信，我到现在还记得，他是球迷，我是从业者，我们之间心意相通。乔丹退役了，谁来代替他在球迷心中的位置呢？我也这样问过自己。时间永远往前走，它不会停下来，永远有旧的过去，新的出现。

另外一场印象深刻的是 2016 年科比的退役之战，那场比赛科比狂砍 60 分，再次封神。出于探究世界本质的一种愿望，我很想知道世界本身是什么样的，因此我喜欢探究宇宙、太空，痴迷量子力学。解说那场比赛时，我就用了时空的概念，把它形容成时空弯曲。我当时脱口而出，说科比因为引力太大，导致时空都弯曲了，能够让他回到他年轻时的样子。说这是比喻也没有关系，因为球迷们都明白你是在赞叹这个 60 分是科比最后的表演，或者说是一种壮举。有时候，你要站在历史的角度、站在现在，回望过去或者眺望未来，就会发现不会有那么大的情感上的波动。从一种历史发展的

视角提醒自己，不要停留在现在和过去，抬起头往前看，永远有新的事情发生，千万不要停留在原地无法自拔。

崔世鑫：没错，再过几年，像威少、库里、詹姆斯、霍华德都将步入职业生涯的后期，我们也终将见证他们离开 NBA，很多球迷会产生不同的情绪。

苏　群：是的，肉体的衰退是不可抗拒的。科比征战联盟 20 个赛季，到后期他也曾在文章中说过，“我的心脏能够经受打击，我的意志能经受得住消磨，但我的身体告诉我是时候说再见了”。所以，要有思想准备，看透这些东西的本质，心情自然会更释然一些。在生活当中，随着年龄的增加，人的心智会不断成熟。受众群体的年龄范围很广，不一定马上就能理解和接受，那就需要解说员以一个中立、客观的身份去把这些事情解释、陈述清楚，让观众听完之后豁然开朗。

崔世鑫：苏群老师，现在很多媒体在演播室内增加了女主播，您觉得这是一种模式上的突破，还是只是为了迎合受众群体?

苏　群：首先，用“迎合”这个词不太好，我们一般称之为“包装”。比赛直播是一个产品，由多方合作完成，有信号制作的功劳，也有平台二次包装的功劳。在融媒体时代，互动性是远远超过传统电视时代的，受众对于观赛体验的要求越来越高，女主播就是在这样的背景下诞生的，属于整个二次包装的一部分。其次，她会给予球迷归属感。腾讯每一位女主播的人设是不一样的，小七是勇士球迷，是勇士的符号；果果是威少和雷霆的符号；雪儿应该是篮网的符号……我们会不自觉地把女主播归到某个球迷群体当中和大家一起讨论问题，这也是一种乐趣，也增加了观赏性和体验性。另外，每场比赛的投入很多，需要有一些商业化的产出，这是媒体采用女主播的另一个原因，并且为大众所接受。腾讯如今正在尝试改变女主播的身份，让她们来到解说的位置上。原来的女主播小南，现在已经尝试改变身份去解说 NBA 发展联盟的比赛，从耐高（耐克高中篮球联赛）开始说起。我听到这个消息很开心，我特别希望看到我们的篮球直播里出现女解说。总之，不管是女解说还是女主播，都是大时代的需要。男女平等，如果女性有特色、有潜质，就可以给她提供解说机会，并且应该大力培养。

崔世鑫：在如今的融媒体环境下，新媒体异军突起，传统媒体面临的压力很大，您也一直在运营自媒体，每天写评论文章，您觉得我们作为学生应该怎样应对如今的媒体形势呢?

苏　群：我的情况比较特殊，复制起来不容易。我们那个时代，国内没有专业的人才可用，也有很多运动员、教练员尝试过，并不是很成功。所以，就从我们平常做文字工作、采访的人中选出优秀的来参与解说，现在这样的机会已经不多了。你们这些主持、解说专业的学生应该是柯凡、王兆峰这个方向的 A 角。现在的运动员，像刘晓宇、张庆鹏和西热力江这些人，一个比一个能说会道，又有专业经历，在解说岗位上非常有竞争力。未来，中国体育直播解说评论中的B角位置，一定是运动员和教练员主导，这是必然趋势。现在，球迷里有很多人才，他们对篮球的理解程度很高、很深，但跟在职或者退役的运动员和教练员相比还有一定差距。我曾经向咪咕推荐刘铁担任评论嘉宾。他们问刘铁是谁？我介绍说，刘铁当年是CBA全明星球员，在空军、山东、奥神都打过球，进过国家队，也在山西、佛山、天津、南京同曦当过主教练。咪咕对他并不了解，但愿意让刘铁指导来试试。结果，刘铁一张嘴，就把他们给震惊到，刘铁的表达能力太强了，而且语言非常有分寸、有艺术，这是与生俱来的能力，既不得罪双方球队，还不得罪任何一个球迷。讲到专业的东西也是浅尝辄止，该说到哪儿绝对不会往下说，这是我们做不到的。将来的竞争只会越来越激烈，在评论员方面我们竞争不过这些专业人士。咱们就应该努力把A角的技巧打磨扎实，因为这个角色是不会被替代的，所有平台都需要。短视频时代给大家创造了很多工作机会，甚至能作为主要谋生手段，这时候就需要大家充分发挥自己的水平和才能了。

崔世鑫：说到A、B角的问题，在北京冬奥会的时候我们也看到了王濛指导激情澎湃的"濛式解说"，她也是从运动员到教练员到如今成为一名评论员的。

苏　群：王濛指导的解说是可以作为一个很好的案例去深入分析的。在体育项目里每个人都有属于自己的风格，这有无限可能，尤其是运动员。但是像我们作为媒体工作者，可能还是会受到一定约束的，因为观众或球迷对我们的期待不一样。我觉得将来你们的一个主要方向就是努力表达自己，展现自己的制作能力以及角色的多样化和类型化，所以一定要有自己的独特优势——"这是我的能力，别人代替不了"。

崔世鑫：传统的电视台体育频道只设数名主播岗位，一名主播可以解说多个项目的不同赛事，如今的新媒体平台更讲究用户体验，同一场体育赛事，往往会安排多名解说员同时解说，各自说球的风格也不同，而观众完全可以根据自己的喜好挑选观看内容。这对我们来说既是机遇也是挑战，您觉得要怎么做才能把握住机会？应具有怎样的素质？为此我们应该做些什么？

苏　群：为什么我会觉得之前徐静雨突然出圈这个现象值得深思？徐静雨这个现象的规律在哪里？如果大家都去效仿他的方言和极端表达其实就进入了误区。虽然这些所谓的方言表达方式，或者说眼神和服装能够吸引很多人的目光，但是并不持久，因为新鲜感会过去得很快，所以最终留不留得住观众还是取决于内容本身。举个例子，东部决赛最后一场巴特勒获得35分并且打满全场，最后18秒他投三分球不中最终输掉了比赛，这是一个可以发散性解说的事件。你可以说巴特勒无论是上一场打40分钟还是这次打48分钟，无论是得47分还是得35分，所有的英雄壮举都被这个三分球给毁了。但你还可以用更极端的表达方式：是他把这支球队带到了东部决赛的第七场，是他让身边人有了抢七的资格，所以他有资格做任何事情。这两种说法各有各的道理，通过不同的切入点就会收获不同的效果。然后接下来是包装的问题，比如你的直播间有什么特色？你的语言有什么风格？你的观点本身是否能引起讨论……但核心是千万不能偏离内容为王的本质。纯外表的东西是长久不了的，时间久了会失去关注度。以内容为王，且有自己的特色是最重要的。也需要引发一些人的共鸣，让他们从潜意识里去赞同你的说法。流量在于分歧，拿出一些分歧的点，掌握好尺寸，等待一个机会。这就是我们这个时代，不吵闹的话，别人永远也听不到。

崔世鑫：苏群老师，我看您今天下午还更新了社交媒体动态，您这一天真的是非常充实啊。

苏　群：我也是干了这么多年早就习惯了这种节奏，自己又是处女座，什么事情都喜欢亲力亲为，感受每件事的乐趣所在。薛老师十年前采访我时，我就聊过关于新闻冲动的问题，我说过在解说行业中如果你没有冲动的话，你就不适合干这个工作。你必须有马上要表达的欲望，比赛一结束你就有写一篇文章、发一条状态的欲望，写完才过瘾，这才叫新闻冲动。一件事情发生，我是第一个发表出来的，你必须是从我这里听说的，甚至产生一种虚荣心，这种虚荣心就是做新闻的本能。我觉得这是我这么多年一直保持工作动力的原因。

苏群授课

篮球解说嘉宾的职业素养

从1992年到2022年8月份，我刚好工作了整整30年，跨越了传统媒体和新媒体时代。我1992年8月进入《中国体育报》的时候，报纸还处于“活字印刷时代”。很快，报纸进入了激光照排时代，记者写稿也从手写变成了用电脑打字，我可能是纸媒里第一批用电脑的。1999年，我到了《体坛周报》，那应该是中国纸媒最强盛的时代。2014年，我跟足球报社合作，创办了一张报纸，叫《篮球先锋报》。2014年，纸媒不行了，手机互联网时代来临。我一边告别报纸，一边尝试做新媒体，到现在也8年了。

我没有新媒体团队，如果一定要说团队的话，那就我跟我夫人两个人。她帮助做一些商务方面的运营，我主要负责输出内容。大家在我社交媒体账号上看到的内容都是我一手操办的，包括文字、视频、图片，甚至排版。我希望让大家更进一步地了解篮球。我的老本行就是文字，所以文字基本上自己写，像今天解说完比赛回到家里，要在三个小时以内把所有平台需要的内容都给整理出来，并且希望当天的阅读量能够达到十万以上，以此保持影响力。这是我现在的主要工作。我的工作节奏比较紧凑，通常早上6点起床，晚上12点睡觉，娱乐生活很少，空余时间大都交给儿子和女儿了。

一、吃水不忘挖井人

之前搜集到大家感兴趣的一些问题，我在这里一并回答，也分享一下这么多年做媒体的一些感想。

一个问题是新兴媒体跟传统媒体解说有什么不一样，直截了当一点，就是腾讯、咪咕跟中央电视台有什么不一样？另外一个问题是解说NBA跟解说CBA有什么不一样？关于这两个问题，我把它合到一块说。

首先是关于解说和嘉宾。先回顾一下解说历史。解说是在美国的职业体育比赛中兴起的，年代比较久远，可以追溯到20世纪20年代。早在1921年4月，一名《匹兹堡邮报》的记者为KDKA广播电台[①]客串解说了一场轻量级拳击赛。当年8月，KDKA

① KDKA广播电台于1920年11月2日在美国匹兹堡开始播音，是美国第一个领有营业执照的商业广播电台，被公认为是世界上第一个商业电台，其标志着广播事业的正式诞生。

广播电台实况转播了一场职业棒球联赛并配有解说。听广播跟看电视最大的不同就是你看不到画面。以篮球比赛为例，当时解说员跟听广播的球迷有一个“约定”，就是篮球比赛的场地上是有画格儿的，球员运球到了一个地方，就会有相应的“坐标”位置，比如这个球员到了三号区或者把球传到了六号区，这样听众在脑子里就会有一个很形象的位置的区分。这是电台时代的解说方式。

我国第一代解说员是张之老师那一代，之后是宋世雄老师那一代，当时主持跟解说的职能是合二为一的。宋老师最初是在中央人民广播电台，后来调到了中央电视台。他最为人称道、最具标志性的是对中国女排“五连冠”的解说。宋老师的解说风格带有鲜明的广播特色，没有多少技术性的解读，主要是跟大家说这个球现在怎么样了。宋老师保留了很多原来在电台解说的习惯，电视解说这块儿是全新的，大家还从没看过，所以也能接受。

图 3　20 世纪 90 年代苏群在美国采访 NBA

1994 年，我在《中国体育报》工作时接到了孙正平老师的电话，问我有没有兴趣到中央电视台解说篮球，因为我那时候专门写篮球报道。我说，我行吗？其实在这之前，我曾经说过足球。但将来要在那儿固定解说篮球，我说我没有经验，而且我特别怯场，在电视镜头前会紧张得嘴唇发抖、声音颤抖，完全不知道该说什么，脑子一片空白。孙老师说，没事。1994 年，我第一次去中央电视台说球的时候是非常紧张的，不知道要表达什么，孙老师教了我很多，他让我把想说的东西写下来，等于要把它背下来。直播的时候，我特别紧张，脑子里想得很多，一想到现在得有几千万人在看着我，我就会走神，有一次甚至愣在那儿不说话。这是当时的一个情景，我到现在还记得很清楚。孙老师给了我非常多的帮助，主要是他能包容你。孙老师经常出差，如果韩乔生也不在，我就要一周解说两场比赛，就得我跟大徐（徐济成）两个人来演播室。我们总是互相推让一番，总得有一个人担任主持。今天，中央电视台的主持人配备比较完备，当时就我们两个人，想说什么就说什么。

我还当过 A 角，跟张卫平指导搭档过。张指导说得非常好，还能给我启发。有时候我其实也知道该说什么，但是不能说，因为我是 A 角，我就会把话题抛给张指导，张指导一说出来，那感觉完全不一样，而且他能说清楚、能说透。我特别喜欢跟张指导一块儿说球，但是合作的次数不是很多，因为我们俩都是 B 角。

从 1994 年中央电视台直播 NBA 到 2019 年停播 NBA，电视篮球直播已经在形态上有了非常大的变化。后来又有了新浪、腾讯等新媒体平台直播 NBA，腾讯非常强势，现在又有了咪咕直播。总的来说，从宋世雄老师到孙正平老师的这个过渡，是由广播式的解说形式到全球通用的 A、B 角解说形式的转变。

孙正平老师曾大力推动搭档解说，他也是我的老师。吃水不忘挖井人，孙正平老师给大家带来了饭碗，我一直很感恩，也一直以他为榜样。他教我的一些原则，我到现在还时刻谨记。那时，孙老师让我提前半个小时来台里，这是中央电视台的规定。实际上，太早来也没什么用，我一般至少保证提前半个小时到台里，然后准备东西，进入直播时就不会慌。结果，有一次北京下大雪，我还是按正常的时间出门，耽误了解说比赛。我到台里的时候，第一节比赛都打完了，迟到了半小时。孙老师很不高兴，但是当时在直播，他也不好说什么。到了中场休息，他跟我说，无论什么情况，你都要准时，对自己要有一个纪律要求。我一听就明白了，这怎么道歉都没用了，因为已经是个事故了。当时，体育部对解说嘉宾没有特别高的要求，有时候稍微晚到也没事。但是如果主持人迟到，至少停播三个月。还有一个重要的规矩，上直播时，解说员要知道什么能说和什么不能说，这需要一个非常严格和全面的前期准备。开播前，通常会有 15 分钟左右时间连接麦克、检查声音，这个时候有些主持人会跟解说嘉宾聊天。我在开播前一般不聊天，万一播出去了，满世界传，一辈子都甩不掉，所以我非常注意。将近 30 年时间里，我没在这方面犯过错误，因为我总是告诫自己：如果出现直播事故，工作机会就没了。

二、我不会去做极端的预测和评论

有同学问，传统媒体解说跟新媒体解说有什么不一样？

从正规的演播室直播来说，电视台解说和腾讯、咪咕等新媒体解说是完全一样的，甚至现在腾讯演播室的包装和环境的豪华程度远远超过中央电视台。腾讯演播室的设计非常讲究，机位多，主持人也多，有 A 角，还有女主播，比中央电视台丰富。现在比赛时间也长，有时候往往一场比赛前后要四个小时，这个时候解说员对比赛的准备就非常重要。为什么我要坚持写东西，因为写的过程其实就是对比赛的梳理和对下一场比赛的准备。很多时候，你为了使文章变得更丰富一些，会去大量地阅读比赛的背景和比赛的分析，包括很多细节和数据，实际上是一次很细致的准备，下一次就用得上，或者说未来不知道什么时候就用得上。有时候，看过的东西可能当场用不到，但是像现在季后赛要有一小时的前包装，要说很多东西，能脱口而出全靠平常的积累和准备。

新媒体时代的直播种类非常丰富，大家不要拘泥于未来平台的选择。咪咕是国企，属于中国移动，一般来说国企比较稳定，而且未来的大版权肯定是向国企集中的。腾讯是民营企业，为了用户的黏性会在体育上不断投入，但前阵子腾讯体育大裁员，这意味着如果前景不好，有些你认为好像是永恒不变的工作是有可能丢掉的。虽然说在哪里都能够发挥自己的能力，但是工作稳定是很重要的，我个人觉得未来像世界杯、奥运会和 NBA 这些比较热门的职业体育版权会向国企集中，所以大家找工作的时候可以有一个轻重缓急的选择。

关于新媒体解说，有人问徐静雨的案例是否意味着个性化解说时代已经到来？传统的中立解说行业已经日落西山了？如何处理体育解说的专业性和娱乐性？

徐静雨之前在家具城卖地板，现在已经完全转行，进入篮球评论这一行，在百事 TV 说球，而且热度非常高。很多球迷对徐静雨有非常高的评价，甚至形成了跟专业体育解说的对立。我觉得没必要，我认为这是炒作，但这是一个很有趣的现象。大家需要思考他为什么能走红？我看过很多评论，主流评论说徐静雨的解说比较实在，接地气。包括他用一连串的“啊”完成了对于塔姆图绝杀的解说，这到底是专业的还是非常低级的一种解说？我不站立场，因为我认为只要有人听，它就是合理的，说明这是有价值的。如果有非常非常多的人听，甚至超过了传统解说，那说明他比我们厉害，我们一定要接受，他有自己独到的地方。这不是一种从上到下的灌输，而是一种从下至上的传播。他是东北人，说话东北味儿特别浓，光这个口音就带来很独特的味道，他在不同平台发表一些比较独立的、极端的、有风格的评论、观点的时候，更形象、具体、通俗，就跟相声小品一样。

徐静雨跟美国著名篮球评论员史密斯有两个共同点。第一，观点比较独特和极端。他们都不太考虑观众的想法，因为观点极端，就容易制造矛盾，有矛盾就会有流量。但作为一个说了 30 年篮球的解说员，我不能说极端的话，不能随意表达。第二，他们的表达风格很有辨识度。徐静宇的东北方言和“大嘴”史密斯的重音节表达是有共通性的。语言独特指的是要在遵循篮球规律的基础上用独特的方式把它表达出来。我的风格就是不会去做极端的预测和评论，我会考虑所有的可能性，这是我的表达风格。

每个人的表达风格都是不一样的。你可以设计一些你自己独特的东西，让自己尽可能地从众多竞争者中尽快地脱颖而出，我觉得找规律最重要。我们可以思考史密斯这些名解说的特点在哪里？为什么要这么说？是本能的还是经过设计的？去找这种行业的规律是非常重要的。刚才说的徐静雨和史密斯的两个共同点，就是我主动找规律时做出的总结。这是我后天培养出来的，不是我先天具有的能力。我没有天分，我的天分就是埋头勤劳地工作，我刚毕业的时候写东西要写到凌晨 3 点多。我辛勤地工作并养成习惯，一直到现在，我的微信公众号文章能自己写就自己写，不会让别人写。后来，我明白了你要想更快地适应然后脱颖而出，就得先找规律。主动找规律这件事儿，你跟师傅学，去观察他，去问他。任务派下来的时候，先别挑三拣四，别抱怨，要主动找规律。越是主动找规律的人，越能够尽快摆脱“菜鸟”阶段。

篮球解说员需要具备哪些素质？作为职业解说，有没有必要钻研“烂笔头”功夫，锻炼自身写文章的能力？篮球解说当中必要的规则、战术、英语等这些信息，全都是必须要掌握的。一定要了解最新的变化，去 NBA 官网上看 NBA 的视频规则解读，就能明白。

学习全凭自觉，我大部分来自平常自己动手写东西。每写一个话题，就跟扎一个猛子到水里去一样，把这个话题内的东西基本上都了解了，变成知识储备放进自己脑子里。当脑子储备的东西多了，解说的内容就更丰富了。我做公众号的内容包括每年总决赛、之后的选秀以及自由球员的谈判，这些我都需要考虑。公众号每天要更新，一醒来就要写一篇，有时候也会很焦虑。当然，我是久经考验的，因为我在做报纸的时候也经历了这个阶段。

很多人会问为什么足球项目会出现“足球诗人”，但是篮球却没有出现过类似风格的解说员。当提到经典解说词的时候，篮球几乎不会被提及，我觉得是有原因的。篮球的规则性、战术性更加复杂，太专业、太细致，导致解说员没有时间去说别的东西。足球留白多，有更大的发挥空间，就像欧洲中世纪的油画，作者想要签名只能屈居一角，因为画面已经被填满了。中国的国画是有留白的，留给你足够的空间去天马行空。篮球比赛就像油画，足球类似国画，两个项目有它各自的解说风格，需要大家自己去寻找跟自身特点相符合的表达方式。

三、体育解说员要做一个杂家

学　生：苏群老师好，现在有很多女生也非常喜欢体育解说，但是如今国内的女性在节目当中都是充当主持人的角色，或者在前方担任记者，属于配角。您认为女性该怎么去规划自己的职业发展方向？

苏　群：你这么问是因为从NBA的转播里看不到女性解说员，但如果你关注耐高（耐克高中篮球联赛）和NBA发展联盟（NBA的二级联赛）比赛的话，就能看到她们，这是一个非常值得注意的动向。在解说员和主持人的行列里，男性太多而且竞争非常激烈，但是女性解说员几乎为零，尤其在主持人这块儿几乎是空白或者说是没有头部的。什么叫头部？就是你在这行当里是最好的、最出名的那几个。这对广大女同学来说是一个非常好的机会。你们占据着一个重要优势，空白还是很多的。对男生来讲，现实很残酷，从竞争中脱颖而出极其困难，要下很多功夫。目前来看，无论是男生还是女生，都要注意短视频行业的开发，尽量为自己赢得一定的流量。现在，很多平台都意识到了女性在体育直播、篮球直播这块儿是一种近乎空白的情况，所以你们有大把的机会，一定要努力，千万不要对未来悲观。现在平台这么广阔，可以做一些专业类、有特色的短视频。像豫剧里唱的“谁说女子不如男”，你们的上升空间比男生多很多，要加油。

学　生：如果是搭档解说，通常会分A角和B角，但有时候A角和B角分得不是很清晰，说比赛的时候您倾向于几分说、几分评？

苏　群：这要考虑和谁搭档。我通常是B角，在咪咕跟杨健、姜帆、孙博说得比较多，在腾讯跟王猛、王子星、柯凡说得比较多。他们都很好，但每个人的风格不一样，相对来说，王猛、孙博的话比较密，杨健的话也比较密但密的风格不太一样，柯凡、子星、姜帆话比较松。跟王猛和孙博搭档的时候，要注意少说一点儿，如果你也多说会显得有点儿闹，两个人好像互相抢话似的，那你就主动少说一点儿，这样不会让观众感觉喧闹、烦躁。王猛很专业，英文又特别好，教练说的话、采访什么的，你不要说，他自己会做记录、会说出来，他会留话口给你，会来问你。杨健的密又不一样，他会给你留时间，你要能及时接上，以免出现冷场。孙博的话更密一些，他对CBA特别了解，对每个人都很了解，他会说很长一段，你等他把话说完，他会留话口给你，你再说。柯凡是最中庸的，跟柯凡搭档的时候，你什么时候说都没问题，他的人设就不一样，他就像家里沙发上的毛毛熊似的怎么着都不会生气，你可以轻松点儿，不用那么紧张。子星会听你一个人说，你要是不停他永远不会来打断你，所以你要主动停下来让他说，否则场上就变成你一个人唠唠叨叨的，对吧？这已经不是A角和B

角、描述和评论之间的关系问题，而是与不同搭档合作的问题。你要了解搭档的脾性、特点，然后主动适应，毕竟他是A角，对吧？我觉得话不在多，关键是要说到点子上，也可以打一些比方，我这人喜欢打一些比喻，各种各样的比喻，哪怕说得不是很长，但能给大家留下深刻的印象，会更好一些。

学　生：融媒体时代，是不是我们再怎么塑造自己的特点，也要以大量的知识基础为背景，需要涉猎不同的领域形成自己的知识体系？

苏　群：你说得太对了，就是这样。我想给大家介绍一个人，是我的朋友老梁。我跟他是特别要好的朋友，有一次我约了他在工作室聊天，一共四小时，我没说几句话，全是他在说。一会儿唱个戏，一会儿说个故事，不带重样的，把你想听的、好玩的都说了。《红楼梦》《三国演义》《聊斋》《水浒传》《西游记》……这几本书随便点，他都能给你背出来，比如说《红楼梦》第47回，他张口就来。还让你点歌，说你想听哪首歌都成。他给你背的、说的、唱的，只是他知识冰山里的一角。他平常看的东西、知识储备实在太丰富了，这都是他一点一点、一字一句背下来的，是被他爷爷拿尺子打出来的。

体育解说员是一个杂家，如果想做到专业，你哪怕只要掌握世界上所有知识的千分之一甚至万分之一，就绝对是出类拔萃的一个解说员或者主持人了，遗憾的是很少有人能做到这一点。要做到这一点，其实也很简单，就是多看书，书看多了，脑子里自然就会储存下来。我喜欢看书，每天睡前都要看书，看的东西很杂，包括量子力学、太空、宇宙什么的。我还喜欢摄影，有时候拿摄影做一些比喻，进行关联性的解释，能使一个本来很复杂的篮球问题变得非常简单。总之，要积累、储备大量的知识，做一个杂家，千万不要只停留在篮球本身，那样会很无趣。

文字整理：许小龙　崔世鑫　孟潇庆　尹素伟　薛文婷

采访时间：2022年5月26、30日

采访方式：腾讯会议

陈滢面对面

图 1　陈滢

陈滢，中央广播电视总台体育青少节目中心解说评论员，主持人。2002 年入职央视体育频道，2004 年开始现场直播解说花样滑冰、体操等国际赛事。从 2006 年都灵冬奥会至 2022 年北京冬奥会，现场解说历届夏奥会和冬奥会。解说风格以知性大气、专业严谨、文采斐然见长，受到国内外观众的高度评价。

陈滢访谈

解说是一个即兴创作的过程

图 2　访谈现场

访谈嘉宾：陈　滢

访谈师生：薛文婷（教师）　樊欣阳（学生）　翟昊冉（学生）

一、毛遂自荐

薛文婷： 大家好，今天我们邀请到一位非常优秀的体育解说评论员。自从事体育赛事解说工作以来，她已经解说了 3 届夏奥会、4 届冬奥会①以及多项国际赛事，主要解说项目是花样滑冰、体操和艺术体操。她用清晰悦耳的声音、缜密专业的分析、富有文采的语言，彰显了体育的魅力，弘扬了中文之美。她就是中央广播电视总台央视体育频道的资深体育解说评论员陈滢老师。今天和我一起主持、采访的还有来自北京体育大学 2018 级体育赛事解说班的两位同学——樊欣阳和翟昊冉。

陈滢老师，据我们了解，您大学主修的是英语专业，后来又到北京广播学院（现

① 截至 2020 年 9 月。此后，陈滢又参与了东京奥运会和北京冬奥会的解说工作。

中国传媒大学）学习播音，并到中央电视台实习。您是在大学期间就确立了要从事播音主持相关工作的目标吗？

陈　滢：我大学报的英语专业是听从了父母的建议。大学毕业后，出于个人兴趣，我报考了北京的三所艺术类院校，北电、中戏的表演系和广院的播音系。当时三所学校都考上了，我参考了父母的意见，选择进入北京广播学院学习播音。

在毕业实习时，一位在央视体育频道工作的师兄问我，说体育频道一档节目需要一位临时翻译，问我想不想去，我毫不犹豫就答应了。那份工作是为解说员把所有的英文资料翻译成中文，并整理成文稿。正是这段经历，为我日后走上解说岗位积累了许多宝贵的经验。经过一年多的实习，凭借勤奋刻苦、好学敬业的工作态度，我获得了在央视体育频道的正式工作机会。现在回想起来，一切都这么顺其自然，仿佛冥冥中注定似的。

薛文婷：您最开始做的是翻译工作，是怎样走到体育解说这条路上了呢？

陈　滢：2002 年的时候，央视体育频道的解说评论员主要集中在篮球、足球、排球、乒乓球、羽毛球和网球这些大项上。花滑、体操属于非常小众的项目，频道播出量很有限，通常都是从国外购入录像带，录像里自带英文解说。栏目组负责把这些国外的解说词翻译过来配音播出，有点类似于译制片。当时栏目组外请的是北京外国语大学的老师来做翻译工作，再找播音组的解说员配音。我就跟栏目组制片人毛遂自荐，表示可以从剪辑、翻译到配音都一个人完成。制片人看完我制作的样片后也非常满意，就让我把三份工作全承包了，这为我日后走上花滑、体操解说道路奠定了基础。

薛文婷：您第一次解说是什么时候？

陈　滢：2002 年春天，那时正是中国花滑领军人物申雪 / 赵宏博开始逐步登上世界之巅的时候，现在回想起来，自己还是蛮幸运的，赶上了中国花滑的黄金年代。在 2002 年那会儿，解说模式一般是由一个播音员搭档一位花滑教练或裁判。播音员负责介绍选手的个人信息、报比分，教练员负责介绍动作完成情况。我接触到这个项目后，通过大量翻译国外的解说，了解了他们的解说模式。但由于花滑在我国尚属非常小众的体育项目，中国观众对花滑的认知程度和欧美国家相比还有差距，所以照搬国外的解说模式并不符合我国国情。比如花滑实力很强的国家冰迷就不一定需要解说员从头到尾地讲，但对花滑了解不多的观众就需要解说员非常细致地解读每个动作。我在分析了国内外观众的认知程度差异和收视习惯后，把国外解说模式加以本土化，并经过不断地改进，慢慢形成了现在这种解说方式。

薛文婷：据说您第一次现场解说也是毛遂自荐？

陈　滢：对，那是 2004 年 10 月在北京首都体育馆举办的中国杯世界花样滑冰大奖赛。在那之前，我一直是给花滑录像配音解说，当得知中国杯即将在北京举办并会做现场直播时，我就向上级领导申请，表示我已经有两年多的花滑录播经验了，想尝试去现场直播解说。当时上级就同意了，但对我提出要求：如果这次直播解说成功了，以后就可以继续，但要是没成功，以后就永远不要再提上直播的事了，我说行。就这样我上了，然后我成功了。

薛文婷：命运总是垂青有准备的人。在成功之前，您是做了充分准备的，包括在翻译过程中其实有了很多思考。

陈　滢：在毛遂自荐之前，我其实心里是有把握的。当你想主动争取一个工作机会的时候，你必须要做到非常有把握。有把握到什么地步呢？就是你要具备能超越别人的绝对能力。只有这样，你才可能赢得机会。如果是靠模仿别人的解说，这条路是走不通的。在这个行当要想立起来，只有靠不断创新。

薛文婷：您解说的是花样滑冰、体操和艺术体操等项目，这样的选择，包括您现在的解说风格，是不是跟您从小的舞蹈经历有关系？

图 3　陈滢解说现场

陈　滢：我在学生时代确实学过很多年的民族舞，后来参加工作正好碰到的就是花滑、体操这些与舞蹈相通的体育项目。这一切其实并不是我刻意的选择，真的是机缘巧合。我在北京广播学院播音系念书那会儿，就曾特别不知天高地厚地问过老师，“老师，您看我适合什么节目？”老师看了我一眼说，“不是你挑节目，是节目挑你”。

的确如此，进央视体育频道解说花滑、体操，这条路其实并不是我事先设计好的，也许这就是命运的安排吧。

薛文婷：您解说的项目大概有十多项吧，这些项目也都是碰上的吗？

陈　滢：嗯，我的主项是花滑和体操，像艺术体操、蹦床，都是附属于体操的。还有一些项目，是因为工作需要分配给我的。

二、每一次直播都像在完成一部作品

樊欣阳：在新浪微博，您给自己的三个标签分别是艺术体操、花样滑冰和体操，这三个项目对您来说意味着什么呢？

陈　滢：我的微博名之所以叫“花样的微博”，是因为我喜欢“花样”这个词，我希望我的微博内容包括我的生活都是丰富有趣、多姿多彩的，所以用了这个词。

翟昊冉：陈滢老师，我看过很多场您解说的花滑比赛，特别是2018年平昌冬奥会您说的那句“翩若惊鸿，婉若游龙”，真的太美了！在那场男子单人滑比赛中，您的解说语录火到了国外，在日本掀起了一波小高潮。网友评论您的解说是“诗意解说”，您这样的风格是在解说过程中自然而然、即兴发挥出来的，还是在赛前精心设计的呢？

陈　滢：解说员直播实际是一个即兴创作的过程，无论你在赛前做了多少功课和预案。赛场瞬息万变，解说员瞬间爆发出的最真情实感的表达，远远要比你此前做的所有刻意设计更能打动人。诗意盎然的解说风格其实在2010年温哥华冬奥会就已经形成了，那时自媒体还没有现在这么发达，当年的解说词要是放在现在这个自媒体环境中可能会更火。

谈到解说风格，解说这个职业其实最能体现出一个人真实的一面。你是一个什么样的人，你的兴趣爱好，你的人生观、价值观和学识修养，全都会体现在你的解说里。我没有刻意去做什么，我在节目里说的话都是我内心最真实的想法。我在解说上追求多变，以至于每一场解说的声音状态都会根据实际播出环境做改变。比如，我前不久解说了体操全锦赛，当时是去现场直播，那场比赛是在白天，运动员的水平又比较高，我的声音状态就特别兴奋。而另一场是在台里演播室半夜直播的欧洲体操比赛，比赛水平不是很高。我就想，现在夜深人静，不如我尝试一下用那种比较慵懒的声音来解说，后来发现其实效果也不错。总的来看，我觉得我的风格比较多元化，灵活不刻板，不喜欢重复，喜欢不断去尝试新的东西。

樊欣阳：陈老师，您从2006年开始解说了4届冬奥会的花样滑冰，也解说了一些花滑世锦赛、大奖赛。在这么多的赛事中，您最难忘的或者最满意的是哪一场？有没有遗憾的时候？

陈　滢： 遗憾太多了，每一场直播都会有遗憾。难忘的比赛也太多了，我职业生涯的最大收获就是在赛场上那些哭过笑过的瞬间。我并不会因为某场比赛解说得好或不好而印象深刻，我更看重在每一场比赛过程中的情感体验。

前段时间，因为出差我发了条朋友圈。疫情让我已经有大概半年多没有出过差了，这在以前是不可能发生的情况。那次出差，到了机场我就开始兴奋，一到赛场，我强烈地感觉到："原来只有到了赛场，我才觉得自己还活着！"我发现如果不到赛场去，只是在演播室或者是在配音间里，自己跟行尸走肉没什么区别。

所以说，我们只有对一个事业的热爱到达一定程度，才可能把这件事情做好，也许这就是"不疯魔不成活"吧。

至于你问的"满意"，我从没有对自己的解说100%满意过。如果观众夸我了，我会很开心，但那并不代表我的解说是完美的。因为对我来说，作品没有最好只有更好。至于遗憾，也有不少。其实我不太敢听自己的解说，因为每次听，我都会觉得怎么说成这样，如果让我再说一遍，肯定会说得更好。不过为了改进提升，我也会强迫自己去看回放，把可以做得更好的点记下来，争取在下一场做得更完美。

说到难忘，难忘的太多了。就跟爱情一样，拥有的时候，难忘；失去了，也很难忘……我觉得这份工作最精彩的就是，它为我的人生注入了戏剧性。我们通常说，演员这份工作的魅力就在于他能够去体验不同的人生，我觉得解说员也是如此。这份工作，让我觉得我的生命是充实的、多彩的，每一次直播都像是在完成一部作品，我可以不断地去创作、去尝试。

樊欣阳： 我们最近学到一个词，叫"留白"。您也提到过，更愿意做赛后总结，而不是同步解说。2017年，您在微博上就"是否要进行同步解说"进行过讨论，针对播出平台"满足受众听不懂技术的需求"这一要求，您说要谨慎尝试。几年过去了，您对于赛后总结和同步解说的看法还一样吗？

陈　滢： 我从2002年接触花样滑冰这个项目开始，就选择在比赛过程中不做同步解说，而是赛后再点评。这样的解说方式一直维持到了2017年，也就是说15年来我都是用的这种方式。

国外解说员完全是同步解说，很多观众表示他们更喜欢选择央视的版本，因为央视在表演过程中没有解说，可以让他们在一种没有任何主观引导的状态下获得舒适的观赛体验。

花滑起源于欧洲。在欧洲，在歌剧、芭蕾舞剧、交响乐演奏等表演过程中，观众都安安静静地欣赏，不会交头接耳、聊天谈话。当表演结束演员谢幕时，全体观众才起立鼓掌，这是欧洲的一种剧场文化。花滑比赛同样如此，音乐一响起，就不应该用解说打断音乐、破坏节目的完整性。我认为花滑比赛的艺术性需要的是感知而不是量化，所以不应该像体操一样在表演过程中去给大家逐一解释动作名称，花滑的这些技术分析完全可以在赛后回放的时候慢慢讲解。

但也有另一种声音，认为不同步解说观众看不懂花滑比赛。观众为什么看不懂比赛？就是因为没有解说？电视语言，声音只是其一，还有一种就是字幕。它是一种无声的语言，它可以在一个不起眼的地方出现，但依然能够为观众提供大量有效的信息，且不会像声音一样强行干扰观众。

图 4　陈滢工作照

2017 年 11 月，我们频道就花滑是否应该同步解说开了一个会。会后，我发了条微博，公布了以后花滑会在赛中同步解说的事。我不知道是不是因为这事激发了日本花滑信号制作团队的创作灵感，他们在一个月后就推出了国际滑联花滑电视转播有史以来最全面的字幕系统，即在屏幕左上角打出每个动作的名称、分值。日本是个花滑普及度很高的国家，他们的观众观看花滑比赛时，手里能拿着所有参赛选手的个人信息表甚至是动作单。所以，这套字幕系统对日本观众来说其实没有那么迫切，但日本花滑信号制作团队可能意识到了其他国家的观众有这个需要，于是立刻研发了这套系统。这套系统其实并不难，把裁判手里那套电子评分系统拿过来，打在屏幕上就可以了。但是为什么之前世界上那么多国家的信号团队都没有做这个事情呢？这体现了我们真的需要有不断创新研发的精神。有了这套字幕系统以后，看电视的观众就可以清清楚楚地看见场上选手做的是什么动作，完成得怎么样，得多少分，甚至都不需要解说员去逐一介绍。可以这么说，在所有打分类竞技体育项目的电视转播信号制作里面，花滑是做得最细致的。

现在虽然一直在做同步解说，但我依然秉着少说的原则，并反复跟观众说，“我尽量不打扰大家，大家可以多看字幕，花滑比赛感受为王”。同时我会引导观众如何看懂字幕，以便更好地欣赏比赛。

关于留白，它是一种艺术表现形式。在解说里，我的留白一方面是出于对场上选手表演的尊重以及对电视观众的尊重，另一方面也是我个人的语言习惯。我本身是话比较少的人，喜欢用成语也是觉得能够用 4 个字表达清楚，为什么要说 10 个字呢？我平时的语言风格就是这样，比较简练。

三、理性严谨的预案和功课是基石

樊欣阳：您对花滑有很多独到的看法，您每次的赛后总结都能给比赛增添更多的意味，也给观众留下很深的印象，您会做些专门的赛前准备吗？

陈　滢：例行的赛前功课肯定是要做的。就像医生上手术台，流程大同小异，但呈现出来的手术结果却可能会不一样。我经常会把解说员比作外科医生，医生做手术，他们的器械、助手、手术流程都差不多，但是手术效果却不一样。这就是每个人的感觉不一样，标准不一样，经验不一样。

现在花滑和体操也会换很多解说员轮着上。每个解说员的信息来源其实都是一样的，都是从官网打印的选手资料。如果说有区别，可能我比较习惯在资料上面写数字和英文单词，没有太多完整的中文句子。

这跟每个人的习惯有关，很多解说员直播时喜欢用笔记本电脑，我特别不喜欢带笔记本电脑。笔记本电脑的好处在于，里面能放多个文档，随时可以调出来。我喜欢面前摆着一叠纸质版资料，看到自己做过这些功课，心里踏实。可是如果把这些文档放在电脑里，你直观感觉不到。纸质版资料摆在那儿，我可能不一定用，但我会有安全感。而且我会把一些即兴的感触，一些突然迸发出来的灵感，用笔记下来，也许字迹会很潦草，但你会觉得那一瞬间就好像醍醐灌顶一样，你的精神状态、你的解说都会截然不同。

我觉得这就像一位作家写文章，手写文稿永远比电脑打印出来的要显得珍贵。交稿的时候，交给你一摞手写的文稿，上面标着他修改的部分，有的是用铅笔写的，有的是各种颜色的签字笔写的。那种东西是最珍贵的，是艺术品，具有电脑打印稿呈现不出来的质感。

我特别喜欢在赛后看自己的手稿，尤其是即兴创作的那部分我会一直留着。每看一次就会觉得，我当时怎么就想到这句话了呢？我现在都想不到，当时的灵光一现太厉害了！

我为什么要讲这些呢？我认为，解说花滑、体操是艺术创作，在这个创作的过程中，灵感很重要。在表演过程中，伴随着三分钟的音乐，如果你陷入这个节目里了，你所讲出来的话，跟你念稿子是完全不一样的。

刚才你问我解说词是事先准备好的吗？我给大家讲一个小插曲，之前我没有在媒体上说过，也没有人问过我当时为什么这么讲。在平昌冬奥会解说羽生结弦的比赛时，我为什么要用“容颜如玉”呢？因为玉在中国的文化里是用来形容君子的。为什么用“身姿如松”呢？松在中国的文化里代表着气节。我已经解说了羽生结弦近十年的比赛，我看着他长大，见证了他的进步。当时看着他的表演，突然间灵感就来了，这两个词瞬间就在脑海里冒了出来。为什么说“翩若惊鸿，婉若游龙”？在赛后慢动作回放的时候，他有一个单腿蹲踞在冰面上滑行的动作，加上现场的灯光打在冰面上构成的剪影，“翩若惊鸿”用在这里恰如其分。每当我看到赛场上特别唯美的画面的时候，会觉得此情此景只有用中文诗词或成语来表达才应景。为什么这段解说在日本那么火呢？因为“翩若惊鸿，婉若游龙”的作者是曹植，你要跟日本人讲中国历史里的其他人，他可能不一定认识，但你跟他们讲三国里的人物，他肯定知道。这也是为什么这段解说词在日本突然间就火了的原因。

平昌冬奥会男单比赛有一个美国男单选手叫立邦。我当时解说他时用了“云想衣裳花想容”，虽然他是个男选手，但他的服装造型以及他表演的节目让我瞬间想到了这句诗词。有人说这不是形容女性的吗？我觉得在艺术的世界里，美是没有性别之分、人种之分、年龄之分的。美就是美，我不会因为他是男性但有些阴柔，就觉得他怪异、他不美。这些都跟解说员的价值观、审美水平有很密切的关系。

薛文婷：您刚才谈到，每次都会有手稿。那下一次解说的时候，是在这个手稿上去做积累呢，还是重新开始？

陈　滢：每次都重新开始，我不喜欢重复。很多解说员会有一本很厚的本子，里面记录着往届比赛的资料。但我不这样，除非是需要留作纪念的手稿，否则资料全扔，下次重新开始。有人说，那你下次不还得重新查一次吗？我说那就重新查吧。我比较喜欢即兴的东西。

我这个习惯一个是个性使然，另一方面是想不断地更新自己，不断地激发自己的灵感。就像香港一位著名导演，他拍电影没有剧本，想到哪儿拍到哪儿，一部电影可以拍好几年。我好像也是这样，始终觉得灵光一现的才是最珍贵的。

有人可能会问，全都是灵感即兴，就没有备课和预案吗？对解说员来说，即兴发挥和提前做预案其实是相矛盾的。有的解说功课做得特别足，每句话听着都特别严谨，但是有人会觉得很无趣，一个频率一个语调从头讲到尾。而即兴会显得有激情，但很可能你过于兴奋激动了，导致出错。究竟哪个更重要？我认为理性严谨的预案和功课是基石，即兴激情是锦上添花。我说的激情不是狂吼咆哮，而是那种可以激发你创作灵感的情感体验。

当然，灵感也跟你平时的知识积累有关。我喜欢诗词歌赋和古文，这纯粹属于爱好，不知道哪天看过哪本书的哪个句子，在特定的场合和时间用上了就会显得很贴切很应景。我始终认为解说还是应该要有激情，这对女性解说来说不容易，男性可能好点。也许是因为女性从小被要求不能太张扬太有个性，应该内敛温婉，就像你们老说我很温婉，其实那只是我的一面而已。

四、解说员要有导演意识

薛文婷：您刚才也说到，从 2002 年至今见证了中国花滑的辉煌时代。在解说申雪 / 赵宏博、庞清 / 佟健，包括现在的隋文静 / 韩聪组合的时候，有没有一些故事可以跟我们分享？相比解说羽生结弦的比赛，解说中国花滑组合的时候心情会不会有所不同？

陈　滢：会有所不同，解说中国选手跟外国选手比赛的最大区别就是，解说外国选手你不会那么焦虑，我们只是旁观者。但解说中国选手，你会难以言表地迫切地渴望中国赢，尤其是中国选手距离金牌很近的时候。

比如 2010 年温哥华冬奥会上，短节目结束以后，中国队离金牌已经很近了。而且所有人都知道，如果 2010 年温哥华拿不到金牌，2014 年索契就更难了，在这种情况下我们对金牌的渴望就会变得异常迫切。当时申雪 / 赵宏博肩负着夺金、为中国花滑创造历史的重任，我非常了解他们为此的付出，所以解说他们的比赛时，我的心情是紧张、渴望、兴奋、克制、激动的，总之百感交集吧。

还有，每个解说员都会有稍微偏爱一些的选手，你为他们准备的解说词，会想将他们除赛场成绩以外的更深层次的东西挖掘并展示出来，通过解说去震撼观众的心灵，以铭记没有获得金牌的他们。温哥华冬奥会时，我对庞清 / 佟健的解说基调是悲壮的。我知道他们付出很多，但金牌只有一枚。对于获得冠军的选手来说，他们的职业生涯已经圆满了，此时就更需要给那些付出过巨大努力却没有获得成功的选手以颂扬和褒奖。这是一个解说员应该具备的人文关怀，其次这也是体育解说应该弘扬的体育精神。

每一个能站上奥运会赛场的选手都拥有振奋和激励别人的能量，他可以鼓励更多的青少年，让他们明白虽然付出不一定能得到梦想中的回报，但是你的付出别人都看得到，你在追求梦想的过程中实现了自我价值，这是一种价值观正能量的输出。

樊欣阳：陈滢老师，您有时候是单人解说，有时候是双人解说，区别在哪儿？

陈　滢：一个人解说时，你要扛下所有。两个人解说时，你要放下所有。

薛文婷：您喜欢这种自己扛下所有的状态吗？还是更喜欢跟别人搭档解说？

陈　滢：一个人解说，主动权更大一些。什么时候抒情什么时候阐理，什么时候应该严谨什么时候可以调侃，都可以张弛有度地自己控制。

两个人解说的问题是，如果嘉宾是你从没合作过的人，你能不能保证配合得好？在解说嘉宾的选择上，我们没有太大的话语权。大多数情况下两人都没有磨合的时间，当然这也锻炼了我跟不同的嘉宾磨合和适应的能力。因为不管嘉宾是谁，解说员都要托得起整个节目，也就是“能兜底”，让整个比赛能听得过去。从我自己的角度讲，我更加喜欢一个人解说，或者搭档可以彼此激发解说欲望的人。

薛文婷：这么多年，您有很多的解说搭档，像您说的能够激发您解说欲望的多吗？

陈　滢：这个很难说是多是少，只能说是可遇不可求，它就像是艺术工作者和灵感缪斯的关系。就像意大利电影《海上钢琴师》里面有一段，主人公在一个船舱里演奏钢琴，面前有个舷窗，窗外站着一个女孩，主人公被那个女孩深深吸引，他的创作激情就自然而然地被激发了，那个女孩就是他创作的原动力。

薛文婷：在解说当中，有时分A角和B角，如果有嘉宾的话，您扮演的是A角吗？是不是有这样明确的区分？

陈　滢：解说分A角B角，每个角色有固定的分工，嘉宾负责点评场上局势，解说员负责介绍背景资料，这是我特别不认同的一种说法。我个人认为这是一种刻板的任务分配，完全忽略且禁锢了解说员的创作空间。我们为什么要把自己放在这个框框里面呢？就像演员，真正的表演技巧不是从教科书里来的，而是那些只能意会不能言传的东西，比如你的人生阅历、性格认知、见识等。当然这一切的前提是解说员必须要在认知上达到和嘉宾相当的水准，否则两个人不在一个层面上，根本不能平等对话，而是变成了教与学的从属关系。

薛文婷：之前我采访过一个著名篮球解说员，他说最开始搭档解说的时候，没有说必须是这个人只能解说，那个人只能评论，一直是像您说的这种状态。后来慢慢有了A角、B角这样的说法。

陈　滢：如果嘉宾之前没有解说经验，对解说工作是一种无意识的状态，那可以分配一下。但合作时间长了以后，嘉宾有解说意识了，就可以转换思路，给予他更大的发挥空间。

我之前在一篇文章里写过，解说员要有导演意识，嘉宾不是为你答疑解惑的工具，他是来展示才能的，你要给他一个很大的空间让他去发挥。如果他跑偏了，你要能拉得回来；如果他放不开，你要激发他。挖掘嘉宾的潜力是解说员的责任，如果一个嘉宾靠自己只能发挥出 6 成功力，那你就要激发他发挥出 8 成的能量。

有的嘉宾刚上岗时会很紧张，说："我该说什么呀？哪些是不能说的呀？咱俩怎么配合？"我就会跟嘉宾说，"你放松，如果中间有冷场，我给你填上，你要说不下去了，我给你垫着"。这个时候，他就踏实了，然后很快进入状态，这是我想要达到的目的。他放松了，我们就像两股清泉一样，融合在一起了。如果我们两个像石头一样，就很容易碰撞，产生很别扭的效果。

薛文婷：我们还关注到一个现象，之前都是叫"体育解说员"，现在一些媒体在打字幕的时候会叫"体育评论员"，学界的称呼也有些混乱，有的干脆叫"体育解说评论员"。对此，您怎么看？

陈　滢："解说评论员"这个称谓，长是长了一点，但是这两个功能，我们都要具备。比如我们去旅游，导游会告诉我们要去哪、干什么、我们看到了什么、有什么背后的故事等，这些介绍如 what（什么）、when（何时）、where（何地）、how（怎么样）属于解说。体育解说有时还需要发表自己的观点，表明立场，主要体现在点评比赛时，这里涉及 Why，这叫评论。我比较喜欢看时政评论，体育评论也是异曲同工的。只要是评论，就会有立场，这首先需要我们的格局够大、见识够广。有人说，体育解说不需要评论，只负责解释说明就好了。既然这样，那是不是用 AI 解说就可以了？机器人解说不设立场，反正它没有感情，只有逻辑计算。而且现在的字幕系统已经极度完善了，早已实现了解释说明的功能。那解说员这个岗位是不是可以取消了？

翟昊冉：如果一个人解说比赛，既要负责解说，又要负责评论，那如何做到这两方面的平衡呢？

陈　滢：这两个内容实际是一个工作，解释说明是基础，必不可少。评论是有感而发，无感就不发。我最开始是先从文字工作做起的，然后才去做语言表达工作的，我觉得这个顺序使得我的解说语言更精练。解释说明的原则是：观众都能看得见、能看得明白的，解说员就尽量不要说了。为什么我会有这个想法？因为我当年翻译国外解说时就发现他们的解说里有大量语气词和重复的形容词，这些其实并不是必须存在的。我曾经想过如果让我培养解说员的话，我会怎么培养呢？我可能会让学生把别人的解说词抄下来，不管是国内的还是国外的，然后看看哪些句子是可有可无的，如果把它划掉以后不影响效果，那就果断划掉。最后你会发现，1,000 字的稿子下来，最后就剩 500 字了，那么这 500 字就有存在的价值。

介绍性的语言越精练越好，而评论性的语言则要做到有理有据，给出论点、论据、结论。比如，你认为这场比赛结果不合理，这是你的论点，那论据是什么？你就要分析，一、二、三……这样列出来，最后得出结论。具体到实际工作中，由于每个体育项目的特点不一样，像体操，我的描述就会比评论多一些，因为体操的赛程极快，一个接一个的动作，团体赛和全能赛还是不同场地同时进行比赛，根本就不容你的眼睛有一秒钟离开转播画面。花滑的评述就会比体操多一点。所以，还是要根据项目特点来设计解说方式。设计包括方方面面，我会根据不同的项目调整解说评论，采用不同的语气、语调、节奏、情绪……甚至比赛的时间我都会考虑。白天播、晚上播和凌晨播，我的状态也都是不一样的，这是有意识地作区分。再细到每一场比赛，比如说花滑男单比赛。男单比赛分 4 组，每一组，每个人，该用什么样的情绪、什么样的语调、什么样的节奏，我都会提前做预案。基本上一拿到节目单，心里就大概知道这场戏该怎么演了，是悲剧还是喜剧？哪个选手是亮点？他今天比得好会怎么样？比得不好会怎么样？这一切，在你对项目有足够的了解后，答案一目了然。

樊欣阳：陈老师，您刚刚说了解说员和评论员的区别，他们的职能是平行的吗？还是说评论是解说的进阶？

陈　滢：如果你刚开始接触这个行业的话，可能服务性的介绍要多一点。等你有了一定的经验积累后，十年以后吧，由于你的认识程度提高了，这时你会发现你发表的评论，别人接受程度会更高些。如果你发现你的评点被大多数人接受，你就可以更进一步地慢慢地增加你的评论篇幅，这跟个人的阅历和积累有关。在你刚接触到解说工作时，重心要放在介绍清楚发生了什么，至于怎么看这个事情，请旁边的前辈或者学者来发表观点，因为他有足够的阅历去分析这件事情的来龙去脉。总的来说，从业时间越长，你发表自己的观点就越有底气。

樊欣阳：您除了是解说评论员，也担任过 2014 年青奥会的总主持，负责串场。这个工作，当时得到了表扬，您在微博里也分享说，13 天的铁人模式，自己扛下来了，自己撰稿、背稿，也练出来了。对于这一次经历，您最大的感触是什么呢？

陈　滢：最大的感触就是人的潜能是可以被激发出来的。做这个节目首先得介绍一下体育频道主持人的构成，他们主要分成两部分，一类是新闻播音员，一类是赛事解说评论员，这两类都可以兼任主持人。

通常情况下，大型综合性运动会转播的主演播室应该是搭在现场，但是转播南京青奥会时我们没有派出转播大部队去前方，主演播室就设在北京。于是我就向上级申请做总串联主持，当时上级的答复是“这次青奥会可没有人给总串主持人撰稿啊”。做个背景介绍，以往历届大型综合赛事，频道都会专门给总串主持人配撰稿编辑，撰稿编辑会根据每天的赛程安排帮主持人捋出来今天要说什么、怎么说，然后把文稿交给主持人。那届青奥会的转播规模缩减，也就没有撰稿人员，所以上级听完我的申请后就担心地说：“没有人给你撰稿，一届青奥会这么多大项和小项，你行吗？”我说：“我可以自己撰稿。”上级又问：“连着这么多天，你能顶下来吗？”我说：“没问题。”

总串主持人的工作时间是从每天 13 点到 24 点，上午可以休息。但由于上午还有一档青奥会赛事集锦节目，内容是梳理前一个比赛日的重点赛事，涉及项目非常繁杂，球类、重竞技什么都有，这个节目也需要位解说员。为了更全面地了解整个青奥会的进程，我又申请把上午集锦解说的工作也做了。也就是说南京青奥会期间，我每天都是早上 9 点到台，深夜 24 点回家，每天工作 15 个小时，持续了 13 天。最终，我的工作也获得了观众的一致好评。这说明人的潜力是可以被挖掘的，而且解说员干总串联主持人其实是有优势的。

薛文婷：刚才说到，南京青奥会完全是自己主动请缨，当时也知道有这么大的工作强度和压力，那为什么要去做这个事情？就是要去尝试一下吗？还是有别的想法？

陈　滢：主要是为了锻炼自己。我们这一代解说员和新生代解说员的培养和成长模式是不一样的。我始终认为在没有压力的环境下，是培养不出人的。今天分配你说场球赛你说砸了，给你换个冬季项目你又说砸了，再给你安排一个打分类项目结果还是说不好，继续给你换项目来练手。这就等于是没有危机感，这怎么行？

我每次毛遂自荐申请工作，都是抱着一定能干好的心态。为什么我说我理解羽生结弦呢？因为我觉得我跟他的性格很像。我当时申请这个工作的时候，我就觉得我干了这么多年解说，这个总串还是能拿下来的。以前别人都配有撰稿人员，这次我没有，那我就自己写嘛，我对自己的文笔还是有把握的。南京青奥会那次，虽然工作量巨大，身体上会很累，但精神上觉得很满足。

薛文婷：就冰雪项目来说，除了花样滑冰，您也解说自由式滑雪空中技巧，这是主动请缨？还是工作需要？

陈　滢：工作需要。因为冬奥会能去前方的解说员人数有限，每个人都要身兼数职。我是从 2006 年都灵冬奥会开始解说自由式滑雪空中技巧的，我很幸运，第一次解说冬奥会这个项目，中国队的韩晓鹏就拿了金牌。后来 2010 年冬奥会、2018 年冬奥会的自由式滑雪空中技巧，也都是我解说的。2014 年索契冬奥会，我没有解说这项，是因为它的赛程跟花滑冲突了。

五、观众不会在意你的性别

翟昊冉：陈滢老师，世界各国专职的女性解说数量非常少，国内各大平台的解说员主要还是以男性为主。在 PP 体育、腾讯体育，女性通常是以女主播的身份站在旁边，负责跟观众进行一些互动。您怎样看待这个现象？

陈　滢：也许是这些新媒体平台出于某种考虑，所以这样设置吧。解说员没有性别之分，只有好坏之分。只要你解说得好，观众不会在意你的性别。

翟昊冉：目前，解说篮球、足球这样高对抗性项目的大多是男性，女性解说的大多是像体操、花滑这样更具有审美性和艺术性的项目。这样看来，在体育解说行业里好像存在着一条性别鸿沟？

陈　滢：不存在。怎么说呢？如果一个女性去解说篮球、足球，这本身是没问题的。我相信不会有任何一个电视台和网站因为你是女性，明知你有能力却不让你上。所以，不要给自己设限，认为是性别歧视导致我不能涉及这个领域。你完全可以去尝试、去申请，但前提是你真的比别人优秀。

我也听到一种声音，说女性解说不适合解说足球、篮球这种高对抗性的或者重竞技类的项目，这个提法见仁见智吧。我认为这和文化背景有关系，在亚洲国家，女性解说高对抗性项目的确实极少，欧美国家还是有的。还有一些客观因素，比如声音条件，女性的声音相较男性来说更尖细，在对抗非常激烈的时候，声嘶力竭的尖细嗓音更容易引起观众不适。像网球、乒乓球这些节奏缓慢些、对抗柔和些的项目，女性解说适配度会更高。如果在篮球和足球这些领域，突然横空出世一个非常优秀的女解说，其实也是很令人期待的。总的来说，解说员性别不是最重要的，解说得令观众身心愉悦才是目的。

翟昊冉：我们女生对篮球、足球等高对抗性项目是感兴趣的，想去尝试，在解说这些项目时，是否可以把女生特有的比较感性或者比较细腻的特征加以体现呢？

陈　滢：做任何尝试前，不要给自己过多设限，你只用考虑，我为什么不可以这样，我为什么不可以那样？现在解说足球、篮球的女性解说确实比较少，对于有意向涉足这个领域的女生来说恰好是个机会。如果你想把自己的东西加进去，那就不妨试一试。现在，解说一场比赛，观众对你的反馈立刻就会在网络上呈现出来。你需要随时关注这些反馈，这样才能及时调整，知道下一步该怎么做。解说是没有老师的，你的老师就是观众，观众会把你的所有缺点都指出来。在观众骂你的 100 句中，可能有 98 句都是情绪发泄，但是剩下 2 句一定能帮助你成长。所以，女生要勇于尝试，从观众的反馈中吸取经验，改进解说风格。在解说这个领域，观众不会因为你的性别而歧视你，只会针对你的解说能力评价你。作为一个解说新手，当你不知道观众喜欢什么样的解说而又想让观众记住你、喜欢你时，当你有很多创意和想法希望加入到作品里去时，那你就大胆去尝试。

翟昊冉：就像您说的，我们需要去尝试，也需要去忽略性别上的差异。但体育解说需要冷静、需要理性，女生大多是偏向感性的。您之前在采访里也说，做体育解说之后，好像越来越像一个男人了。就性别而言，您认为女性是否对解说有一定的帮助或者有一定的局限性呢？

陈　滢：女性解说的先天优势在于声音条件和感知力。就花滑、体操这种艺术类竞技而言，女解说比男解说的声音更容易被人接受，前提是在对比赛的解读分析判断能力上，男女解说的水平是相当的。

薛文婷：陈老师，刚才大家谈得非常开心，也很深入。在座的同学也很关心一个问题，就是大学期间如何全方位地培养自己，让自己距离体育解说的道路越来越近？关于体育解说员的素养，您对学生们有一些什么样的建议吗？

陈　滢：干解说，天赋很重要，勤奋决定你们的下限，天赋决定你们的上限。首先，声音条件要好，思维敏捷，学习能力要强，这是解说员的立身之本。其次，正确选择你的努力方向。解说这条路其实很窄，无论你们以后是进网站还是电视台，这个职业，在国内其实没有多少个工作岗位，竞争非常激烈。所以，要选择能让自己脱颖而出的项目。最后，要博学，最好是上知天文下知地理。兴趣爱好要广泛，女生可以多学学政治和历史，诗词歌赋、琴棋书画也都要涉猎。

陈滢授课

解说员应该有个性

图 5　授课现场

现在进入讲座部分，我继续跟大家分享。大家随时可以举手提问，你们想解决什么问题？

一、观众喜欢是标准

学　生：陈滢老师，从个人意愿来说，我不太能接受拳击、UFC 这种比较血腥的项目或比赛，但又觉得应该去接触不同的项目，该怎么办呢？

陈　滢：之前我说过，这一行不是你挑节目，是节目挑你。有的项目可能你不感兴趣，但分配给你就必须要去做，都说应该做一行爱一行，而不是爱一行做一行。他山之石可以攻玉，解说不同的项目其实可以帮助你从其他领域获取一些创作灵感。

学　生：我现在面临一个问题，就是想去尝试一个不了解的项目，但苦于没有突破口。比如说我现在看足球，尝试着听解说员的解说，从中学到一些知识，但感觉深入不进去，或者说兴趣培养不起来。就像您刚才说的“感情是很重要的”，我一直找不到共鸣和感情的触发点。

陈　滢：首先要弄清你为什么要去尝试你不了解的项目？是因为兴趣，还是因为工作需要。如果是前者，一切障碍都不是问题。如果是后者，那只能强迫自己去学，但是这样可能效果不会太好。

学　生：面对必须要去学的那种情况，我们接触新项目的突破口是什么？

陈　滢：先学规则，然后大量看比赛，也许这很枯燥无味，但没有别的办法。量的积累很重要。大量地积累，看几百场比赛，最后把知识点形成记忆习惯和本能反应。如果你选择这个职业是因为它能给你带来荣耀、稳定的收入，而不是出于兴趣，我不太建议走这条路，不然会很痛苦。只有为你所热爱的事业付出，你才不会觉得辛苦或者抱怨。所以，我觉得一定要尽量选自己喜欢的事情作为职业。

学　生：您如何定义一个好的解说员？解说员应该具备什么样的品质？对于我们大一新生，如果以后想做解说员的话，应该做一些什么准备工作？

陈　滢：什么叫好解说员？每个人的标准不一样，我的标准是，观众喜欢你，你就是好解说员。观众为什么喜欢你？有各种各样的原因，例如解说专业、声音好听等。这是一个非常玄妙的东西。就像演员一样，他/她有观众缘，观众就喜欢看他/她演的，只要是他/她演的，甭管这个片子多烂，观众都看。观众是解说员的衣食父母。我们都开微博，你去看看微博下面的评论，被骂的有多少，特别是女解说。只要开通微博，就需要一个非常强大的心脏，观众和网友不会因为你是女解说就骂你骂得少，这些我们都要承担。甚至从你的微博评论里，你的上级可以非常迅速地看到你干得如何，出了哪些错。现在，在虎扑、天涯、微博，可以看到很多抨击和负面的声音，我们还经常收到观众写的信、打到演播室的投诉电话，说解说把名字说错了、把分报错了、把内容说错了……这种对你提的意见、给你挑的错，出现频率越低越好。现在，对一个解说员工作好坏的判断和评估，不仅靠电视台的评审机制，还依靠普通观众的反馈和舆情。

作为一个新人，该如何开始？

首先，考虑解说是不是你喜欢的工作，还是只想在台前、灯光下光鲜亮丽？

其次，做最坏的打算，做最充分的准备。这个行业门槛似乎不太高，但做好非常难。解说员是在媒体里面被骂得最多的一个岗位。女性干这个工作，心理承受能力要非常强，学习能力也要很强。即使是很不喜欢的项目，也要把它学进去、学好，学得让观众觉得有愉悦感，让别人觉得还看得下去。我在家里干家务时，会把体育解说当背景音，可能听不懂那些专业术语，但是通过他的声音、他的表达、他的内容，我能想象他长什么样子、他多少岁、他是不是很博学很诚恳值得信赖的人。通过解说，观众能判断你是一个什么样的人。想要成为一个别人喜欢的人，需要正直、有才华、谦逊、说话有条理等。一个人所有的优良品质都要集中在声音里，通过解说外放出去。

对于你们来说，两三年以后读到本科毕业，或者说五六年以后读到研究生毕业，你要成为一个集体最亮眼的人。你一开口说话，所有人都会觉得，“哇，这女的好优秀”！一进入专项，那就要成为你的天地、你的领域，所有人都觉得你好。你们要有这种自信，要有这样的专业度，才有可能超越甚至是业务“吊打”其他人。

最后，声音是靠练习练出来的。进入这一行之后，你要听听前辈们的解说，看看他们是怎么去做这件事情的。要有意识地思考，他哪里好，哪里不好？我可以改进吗？你要有这种自我学习的意识。我当时没有专门的老师，就听前辈的解说，也会听国外的解说，觉得他们确实不错，但也不是自己最喜欢的风格。我就会进行改进，形成自己喜欢的模式。我刚开始做的是录像解说，当时就发现观众还是蛮喜欢的，但有人不断给我提意见，我就按照他们列出来的意见一条一条去改，慢慢发现喜欢我的人越来越多。所以，要想学习的话，就是要在别人的批评和意见中进步。

二、让别人通过你的声音产生愉悦感

学　生：陈滢老师好，您解说花滑这么多年，觉得花滑技术难度更重要，还是节目表现更重要？

陈　滢：这两个同等重要。从发展规律来讲，就像小朋友刚开始学习花滑的时候，肯定是先学习技术动作，然后再培养她的表演意识。说到表演，这确实有天赋高低，而且在小时候就能看出来。有的小朋友只有四五岁，但只要放音乐他就会跳舞，就能找到节奏感，他可能跳得不是很专业，但是你能看出他有舞蹈天赋。天赋是表演能力的一部分，同时跟一个人的情感经历也有关系——对音乐的理解、感悟能力是由后天阅历造成的。我们不能要求一个 16 岁的小姑娘，就经历过恋爱或失恋，但如果她的感悟力很强，你给她讲，她就能够明白、能够理解。那些俄罗斯的小选手，十七八岁就已经成功了，她们的表演能够感动你，这些东西可以后天培养。

能够站在巅峰的人，一定是两项很平均的人。他如果往下坡路走，一定是难度下来了。难度是骨架，表演是血肉、是灵魂，它可以让你的节目变得丰满鲜活。

学　生：由此我还想延伸出一个问题，解说时应该侧重技术分析，还是侧重节目诠释？

陈　滢：都要做。但也需要分人，有的运动员难度特别大，那你就要重点介绍难度；有的运动员难度不太高，但表演特别好，你就要渲染。要在运动员身上挖掘亮点，让观众觉得看这场比赛是有意义的，而不是浪费时间，否则他们就换台了。

观众为什么要把注意力留在体育频道不换台，就是觉得比赛好看啊！也许观众看不懂，但解说员可以告诉他为什么好看！所以这时就需要你告诉观众，这名选手虽然缺点是……但优点是……争取多列出优点，我们要有这样的能力。

还有一点，每一个运动员都值得被尊重，他们都是经历了多少层的选拔，才能代表国家去参加比赛。国际赛场上，运动员都是代表国家来的，他们是他们国家最优秀的，我们要尊重他、要发掘他身上的亮点。所以，技术型的就说技术，表演型的就说表演，全能型的就两者兼备。

其实，如何描述美，不仅仅是我们体育解说的难题，也是许多行业和领域的难题。美这种感受用文字来描述很不容易，但是我们中国的古诗词可以用几个字、几段句子就把美描述出来，让你有无穷的想象空间，这非常了不起。咱们中国的画有留白，写意；油画是铺满的，写实，更接近于摄影。技法不同，但它们都是在描绘美好的事物。为什么说解说花滑很难，因为你要让别人有想象的空间，让他们有发散性的思维，听着你的声音去想这个人有多么完美。这是一种很难的技巧，这才是最高阶的解说。所以，我更喜欢去说那些看不见的，说完了让别人去想象，让别人通过你的声音产生愉悦感。

学　生：陈滢老师好，北京冬奥会日益临近，您觉得我们国家的冬奥项目或者说冰雪运动解说的发展趋势是怎么样的？

陈　滢：跟夏奥会项目解说相比，冬季项目解说比较匮乏。我接触冬奥项目解说是在 2002 年刚工作那会儿。那时候，台里基本没有花滑专项解说。从 2004 年开始，我基本就固定下来解说花滑了，之后解说了 2006 年都灵冬奥会花滑和自由式滑雪空中技巧。2010 年温哥华冬奥会的时候，央视体育频道派去前方现场的只有 4 位解说员，韩乔生老师、洪钢、于嘉和我。4 个解说员解说一届冬奥会，现在觉得简直不敢想象。2014 年索契冬奥会的时候，前方大概去了七八个解说员，人手翻了一倍，就细分了项目。到了 2018 年平昌冬奥会，起码有 10-12 个解说员，分工就更细了。

这几年，央视体育频道招了一批年轻人，夏季项目的解说已经比较成熟了，但是冬季项目解说还处于起步阶段。前面没有高山，你就是起点，以你能够自己往上攀爬的高度来决定这个项目的标高。

三、解说员一定要有观众意识

学　生：陈滢老师好，我们经常说参与体育运动有直接参与和间接参与，您觉得作为一名解说员，对于解说项目的运动体验重不重要？

陈　滢：要看是什么运动项目。比如，好多人参与足球、篮球、排球、乒乓球、羽毛球，因为这个项目本身适合普通人参与。但体操、花滑这都是要从很小开始练的。当然，你滑一滑、找一找感觉是可以的。这是项目本身特点决定的，和是不是解说员没关系。像球类这种适合大部分人参与的项目，我没有解说过，也没有发言权。我的同事经常去打球，像乒乓球、羽毛球、足球、篮球、排球，也许参与以后体验会更深。

从我的角度来讲，看比赛就是在参与，因为我尝试着了解他们对音乐理解的深度，我想看看我们的理解是不是一样的。我解说的这些技巧类项目和舞蹈的基本原理是一样的，比如平衡、重心、发力、控制等。我有多年的舞蹈基础，这也许是我解说这些项目比较容易上手的一个原因。转体时要找定点，我知道怎么判断转一圈、两圈、三圈，转到哪个位置了……这是我小时候练出来的。很多人问我，你们怎么去判断这个度数啊？我说，这个对我来说还好，不是难事。还有就是方向感，我方向感特别强。通过和技巧类竞技项目比较相近的舞蹈练就出来的能力，能够帮我快速进入这个领域。

学　生：陈滢老师好，我发现您在解说时会加入一些说和评论的内容，一些文学性的表述也比较偏向于技巧，可能跟蹦床这个项目有点类似。您是不是在解说自由式滑雪空中技巧的时候，会穿插、融入很多体操或蹦床的知识？

陈　滢：转播自由式滑雪空中技巧时我会借用体操的技能来解说，和体操相比，空中技巧的动作稍微简单，它转的圈数、度数不像体操那么复杂，动作也比体操慢。空中技巧和跳水有点相似，你凭肉眼就能轻松地看得出来。但体操和花滑转得实在太快，只能凭感觉和经验来判断了。

学　生：在 2018 年平昌冬奥会上，您在比赛一开始介绍自由式滑雪空中技巧的历史时讲得比较多，一直讲到第一个选手落地之前，是因为您更看重向观众普及冬奥会的历史性知识么？

陈　滢：这就涉及解说内容和重点如何分配的问题了，比如冬奥会第一场的自由式滑雪空中技巧比赛，你肯定要把环境、背景、局势等做一个交代，等到第二场可能就直接讲比赛了，这是一个循序渐进的方式。正常来说，解说小众项目，我第一场肯定会给观众讲这个项目的历史和发展，还有目前国内外选手的大概情况，场地天气等。等进行到决赛争夺金牌的场次，我就基本上是直奔主题讲比赛，同时要有意识地渲染、烘托那种紧张氛围。

学　生：像这些较小众的项目，要抓住那些“打酱油”的观众，可能就要普及一些有趣的、场面上的信息。

陈　滢：对，解说员还是应该有个性、有趣一些，不要用念课文的方式去讲述，那只会令人觉得枯燥无味。当然，这跟每个人的性格有关系，就是你说话是不是很讨人喜欢，你的表达方式是不是让人很容易接受。要有对象感，要把观众想象成不容易接受这些知识的人、对新生事物很排斥的人，然后设想用什么样的语音、语调和表达方式去打动他们。尤其是奥运会，它的受众层次分布真的太广了。为什么有的解说员比较受欢迎，就是因为他的表达可能更讨人喜欢。总之，解说员一定要有观众意识。

学　生： 您刚才提到女性解说员在整体解说职业范围内的参与度越来越高，但从我个人的经历来看，足球、篮球等项目对女性解说员的包容度和接纳度还不是很高。我曾经有过一些解说篮球的机会，但因为是女生被拒绝了。您觉得造成这种现象的原因是什么？

陈　滢： 我觉得这可能与长期以来这些领域没有出现过比较优秀的女解说员有关。目前足球、篮球领域解说知名度高的基本都是男性，所以大家会认为女性可能不太擅长做这些项目。

但我觉得你不用因为这种观念而变得没有自信，只要你有能力，性别根本不是问题。前提是你要真的比其他男解说员做得好。

我经常出国进行赛事转播，说实话，中国媒体给予女性解说的工作机会已经非常多了，不仅高于日本和韩国，甚至高于欧美。在国际上，即使是花滑、体操这种打分类艺术项目，解说员中男性也占 70% 以上，更不要说球类、竞速类了。在中国，体育解说员还是一个新兴领域，但由于涉及比赛的版权，目前只有央视和个别网站能有转播权。所以相对来说，体育解说员这个职业的工作机会要比其他职业少一些。在这种情况下，去竞争那屈指可数的岗位，你就得足够优秀。

图 6　合影

人物摄影：许小龙　刘　晨

文字整理：樊欣阳　翟昊冉　孟潇庆　胡　华　李　晶　尹素伟　薛文婷

采访时间：2020 年 9 月 30 日

采访地点：北京体育大学北体传媒演播室

童可欣面对面

图 1　童可欣

童可欣，1973 年生，中央广播电视总台体育青少节目中心体育解说员、主持人。1995 年—2001 年在河北电视台《体育新闻》等栏目担任主持人、记者及制片人；2003 年—2007 年在 ESPN 担任主持人及解说员，主要解说网球、游泳等项目；2008 年进入 CCTV–5 担任解说员和主持人，主要解说网球、羽毛球等项目。

童可欣访谈

体育解说没有捷径可走

图 2　访谈现场

访谈嘉宾：童可欣

访谈师生：李　晶（教师）　方文萱（学生）　张嘉祺（学生）

一、歪打正着地走上体育解说这条路

李　晶：大家好，今天我们请到了一位重量级的嘉宾，她就是央视著名解说员童可欣老师。童老师，您的名字对于熟悉解说尤其是熟悉网球解说的人来说并不陌生，您在解说中也留下了很多经典片段。比如，您银铃般的笑声就令我记忆犹新，还有您说的“李娜微笑着一路走到了半决赛”，最经典的是有一次解说澳网，因为罗德 · 拉沃尔球场在墨尔本公园旁边，上空有许多海鸥，面对这样的景色，您说“人气旺，鸟气也旺”。

童可欣：这都属于灵感式的发挥，我未必有印象，但很高兴你记住了。

李　晶：因为这些经典解说，很多人把您誉为央视的“解说一姐”，还有很多人评论您的解说风格朴实、自然、亲切，给观众带来一种和男性解说员截然不同的感觉。

您对这些评论有什么样的看法？

童可欣：感谢部分观众对我的厚爱，不过要说什么“一姐”我实在不敢当。我的很多同事都非常优秀，能够来到央视体育频道这样一个平台，成为国家级电视台的体育评论员，每个人都非常努力。观众能够喜欢我的风格，恰恰是我的某种特质迎合了这些观众的某种诉求。但是，有多少人喜欢这种风格，就可能有多少人不喜欢这种风格，因为观众群体是非常多样化的。

李　晶：您来之前，我在想一个问题，面对这样一位重要嘉宾，我们如何来完成这个采访？我觉得可以按照两条线索展开，第一条线索是时间线，您一路走来有很丰富的经历，肯定会对您的解说有很大影响；第二条线索是空间线，您深耕网球解说这一领域，在全国范围也属于高级别、高水平的。我们沿着这两条线展开，肯定会对现场同学有很多启发。我们先从第一条线索，也就是您职业生涯的起点开始吧。

方文萱：童老师，我看到您大学学的是管理类专业，是什么样的机缘巧合让您进入电视行业呢？

童可欣：看到你们这些年轻的面孔，感觉人人都散发着朝气蓬勃的青春气息，非常为你们高兴。我是这个行业的老兵了，到现在为止我的工龄已经超过了 25 年。关于当年是怎样走上这条路的，我很愿意在这里跟年轻的同学们一起分享一下。大学是人生当中最美好的一个阶段，对于大学生来说，最重要的就是要珍惜每一次展示自己才华和锻炼自己的机会。我当时在大学时虽然学的是理工科，但非常喜欢体育，是校排球队队长，也是校学生会文艺部部长。在大学期间，我参加了河北电视台社教部的大学生文艺节，做主持人，这个活动是从四所大学里各挑选一位学生担任主持人。那是我第一次参加电视录制，当时怎么穿衣服、怎么化妆，对我来说完全是陌生的，就像你们现在一样青涩，这是我第一次真正接触电视。后面，就是机缘巧合了。河北电视台体育节目当时需要一个体育解说员，我就去参加了考试，可能各方面的素质比较符合需要，我就歪打正着地走上这条路了。在此之前，也就是 1991 年，我还参加过电视剧试镜。我想说，年轻人如果有机会就要多参加实践，抓住每一次展示自己才华和锻炼自己的机会，其实每个人都可能有许多未曾发掘的能力和潜质。

李　晶：兴趣是最好的老师，您说在大学的时候特别喜欢体育，又是排球队的队长，我觉得这给了我们学生一个非常好的启示。我们在搜集材料的时候，发现您在 1998 年和 1999 年的时候，曾经主持过央视体育频道羽毛球类的节目，当时还跟体育频道的负责人聊过加盟事宜，但没能马上实现，然后您就去了 ESPN。现在已经过去 20 多年了，放眼到现在这个环境，您觉得如果这些后辈想要进入像央视或者是 ESPN 这种等级的平台的话，是在国内的机会多，还是在国外的机会更多一些？

童可欣：我觉得因人而异，每个人的阅历其实都很难被完全复制。我觉得就目前状况来看，从国内突破可能更好一点。当时，我也不是一步就能接触到ESPN的。我在河北电视台做了很多年体育记者，那时候有中国足球甲A联赛，当时还不叫中超，1997年到1998年，石家庄市裕彤国际体育中心是八一队的主场。当时，ESPN体育台有中超转播权，转播的时候，我算是他们的correspondence，也就是记者站的记者，每一次他们在那里搜集材料的时候，都是由我来帮他们做现场采访。在这种情况下，我接触到了ESPN中文部的经理，建立了联系。还是跟第一个问题有关系，不要放弃每一次展示自己才华的机会，同时也不要小看每一次展示自己才华的机会，说不定它就可能成为你未来之路的一个铺垫。也就是说永远要做好准备，等待时机的到来。准备好了，可能就水到渠成了。

李　晶：您在ESPN工作，给您的职业生涯带来了怎样的影响？

童可欣：当时在河北电视台，我的事业已经非常顺风顺水了，综艺节目、法律节目、婚恋节目，都有涉及，比较杂。但我个人还是对体育比较感兴趣，想给自己贴一个专业化的体育标签，这是我在ESPN最大的收获。ESPN满足了我两方面技能的提升：第一是体育专业知识，第二是语言能力的培养。它是一家外国电视机构，同事的官方语言是英文，所以在熟练应用外语方面有一个比较大的帮助，逼着你去成长。

图3　访谈现场

二、ESPN更像是一个训练营

李　晶：体育解说是跨学科的或者说是跨专业的，解说员需要具备一定的专业素养，不能让观众觉得你是外行。解说员如何带领观众去读懂比赛，这又靠的是另外一方面能力——语言能力。您是到央视之后开始说网球，还是在ESPN就开始说网球了？

童可欣：在ESPN就开始说网球了。2005年的时候开始接触大满贯，但在大满贯之前做了很多小型比赛的解说，有各种铺垫，不是马上就能够走到大满贯的舞台的。

李　晶：那有没有一个契机，或者哪一些小故事，激发了您对网球的兴趣或者热爱呢？您说自己原来是排球队队长，排球是大球，网球是小球，是怎么“嫁接”过来的呢？

童可欣：当时这个项目缺人手，有一位解说网球的同事突然辞职去演电影了，就空出一个位置。

张嘉祺：您觉得，在ESPN说网球和在央视说网球有怎样的区别呢？

童可欣：语境、语态、语气，都有很大区别。ESPN实际上是Entertainment and Sports Programs Network，也就是娱乐与体育电视网。它是一家商业机构，央视是我们的国家级电视台。ESPN更加追求商业化、娱乐化，还有专业性，它为了追求趣味性和收视率，甚至可能会故意制作一些比较具有娱乐性的内容，营造噱头。作为国家级电视台，体育频道应该为观众服务，为人民服务，为国家利益服务，发挥喉舌作用，我们在做体育转播的时候时时刻刻都要把这个放在心里。我刚开始去ESPN的时候，他们说我的普通话说得太好，我当时特别郁闷，因为我普通话在中国考了一级甲等，结果到那之后反而变成劣势了。我虽然在一家英文电视台做中文服务，类似于翻译部门，但是我的受众涉及各个地方，我们为各国各地区的华人服务，这时候特别标准的普通话反倒成了障碍，所以我说话的方式只好学着变得柔软。当时，我为了工作不得不做了一些调整。后来我发现，回国之后这个状态还需要重新调整回来。

李　晶：您是怎么做的呢？

童可欣：学习。领导也不断提醒我，总是说，你不要再说“发球有进”了，行吗？这语法不对，球进了就是进了，没进就是没进，不是“发球有进”。但是我已经说习惯了，领导会经常让我做一些调整，还是需要一些时间过渡的。

李　晶：毕竟它是两个不同性质的媒体机构，一个是外国商业机构，一个是国内事业单位，一个要对多元的观众服务，一个要起到喉舌引领作用。在这个过程当中，您也是在不断调整自己。调整的过程也是一个超越自我的过程，每年听您解说大满贯，感觉风格是不变的，但成熟度在一点一点地提升，功力越来越深厚。

童可欣：无他，惟手熟尔。

李　晶：我们的学生也存在这个情况，因为融媒体技术的发展，很多同学在学校的时候主要使用新媒体平台，但看比赛又需要去看主流媒体。在这样的情况下，比如他要去练习，您有什么样的建议？

童可欣：我们有很多竞争对手，新媒体大满贯赛事的转播资源比我们还多，新媒体提供的都是清流的，就是无解说，或者是英文解说，那个其实挺有帮助的，而且他们各个场次几乎所有的信号都买了。你可以挑着看，根据自己的个性化需要，不一定只看他的国际信号。国际信号是一个集成信号，在新媒体可以根据个人需要选择想看的场次。其实在大屏套小屏的时代，有很多时候是可以在新媒体平台看比赛的，当然可能需要注册会员，因为他们买版权也蛮贵的。

李　晶：不知不觉，从时间这条线索跨到网球这个核心话题了，空间线，我们也要逐步展开了。我们这位同学非常喜欢网球，所以也很了解您最近的工作状态。她说我们什么时候请童老师，如果不赶紧请的话，童老师马上就该忙了。我问为什么，她说童老师要去解说 ATP 总决赛了，我说你怎么知道，她说因为每年都去听。她准备了很多问题想跟您交流。

方文萱：我注意到，从李娜拿到 2011 年大满贯和 2014 年大满贯之后，中国在女单或男单方面的最好成绩也就是张帅在 2016 年澳网进入八强。中国运动员在青少年赛的时候打得很好，但一转成职业选手之后就没那么好了。您对中国网球的发展趋势有什么看法？

童可欣：我个人看法，中国网球要想寻找新的突破，还是要走出去，因为确实存在身体素质的差异。至今女子方面亚洲排名最高的是大坂直美，她虽然是日本籍，但不是一个纯粹的亚洲人，之后就是李娜，世界最高排名是第二，没有排到过第一，但是她拿过两个大满贯，李娜是真正的亚洲人。从这个意义上来讲，我觉得李娜仍然是亚洲第一的高度，像以前的伊达公子、杉山爱，她们的球风相对来讲属于耐打拼搏类型，那时候竞争不像现在这么激烈，技术和打法跟现在也不太一样，如果将她们放到现在，可能也很难把排名顶上去。男子方面，到现在为止，就只有张德培是前世界第一，拿过一次大满贯，锦织圭的最好世界排名是第四位，这两位都有“美国制造”的背景。张德培本来就是美国籍，锦织圭很小就去美国训练。斯里查潘的最高排名是第八，他倒是大部分时间在泰国训练，身体素质非常出色，但世界第八也就是一个瓶颈了，而且他有很多伤，所以很年轻就退役了。再比如，韩国的李亨泽，最高排到 36。我认为在这个领域里，一方面可能是文化方面有差异，另一方面可能真的跟人体素质有关系。怎么来弥补这种不足呢？我觉得还是要走出去，包括训练方法以及系统的营养饮食。网球的青少年比赛和职业赛事是完全不同的体系，你在少年时代有好成绩，不意味着你在成年之后仍然还会保持这样一个成绩，因为他面对的竞争压力和级别完全不一样，对手的身体素质完全不一样。现在，像美国的高芙还不到16岁，今年的美网是大坂拿的，她们都是突然之间从少年选手一下子就变成大满贯得主，可是这种素质和爆发力，中国选手就没有。为什么会这样？为什么从十几岁到二十几岁，从teenager（也就是青少年）再到职业这个阶段，就突然跟不上了？我觉得一定要去深究背后的原因。如果我们拆分到每一个细节，把每一步都做到位了，每一个板块都做到位了，应该就能得到预期的效果。但是这个确实很需要时间，并需要你们北京体育大学这样的大学或研究机构参与。

张嘉祺：童老师建议中国运动员走出去，去见识、了解更加先进的训练理念，这样一个职业生涯轨迹好像跟童老师的职业生涯轨迹有一定的相似性。童老师也是先走出去到ESPN工作，然后再回来到央视工作。这样一种职业生涯轨迹，和一直待在国内的解说员相比，两种轨迹有什么优劣之分么？

童可欣：这个谈不上优劣吧。在国内发展有在国内发展的好处，比如说你可能成名较早，你可能很早就建立起属于自己的粉丝群，因为中国的电视观众体量非常大。ESPN是必须要交钱才能看的商业频道，而且你会觉得距离观众非常远，它的亚洲总部是为整个亚洲区域的华人服务的，观众在哪儿，你可能根本就感觉不到，你的业绩评估是靠那些report（报告）。如果有观众投诉你，老板就会跟你谈，然后会降薪，或者有其他无形压力，这种模式是靠金钱考核或者评估的。我感觉ESPN更像是一个训练营，远离舞台的训练营，训练你各种各样的技能，但是你感觉不到舞台以及下面的观众在哪儿。但一到央视，你之前的积累终于用到了，差别就在这儿。

李　晶：您觉得这种压力，是在ESPN更大，还是在央视更大？

童可欣：不同年龄段，有不同年龄段的压力。之前在河北电视台，我觉得自己挺优秀的，包括在大学时代我都觉得自己挺优秀的。到了ESPN之后，发现无论在语言还是在体育知识方面，都跟同事有很大差别，所以觉得那个压力可能更多一点。我刚来央视时，想把奥运会做好，那个压力也很大，因为你到舞台上面去发光的时候，你不知道会是什么结果。我到央视的时候，已经35岁了。一个老兵回来，结果会怎么样，谁也不知道，完全是推倒了重来。你是不是还有这样的勇气，也是个问题。现在，十几年过去了，焦点又换了。像现在，我在央视工作了这么长时间，也可能到了这个年纪，我觉得更多的应该是帮扶像你们这样的小朋友，我的工作已经稳定在这里了，应该考虑的是情怀、是传承了。所以，人生的阶段不一样，压力也不一样。

李　晶：虽然说在不同年龄段压力是不同的，焦点也不断随着年龄的增长在变换，但不管怎么样，您是一路在学习，一路在积累的。有没有一场比赛，或者说哪一个瞬间，让您觉得说我可以了，可以稳坐钓鱼台一样去解说这样的比赛了，有没有那样一个瞬间？

童可欣：我觉得特别幸运的，就是李娜2011年的法网和2014年的澳网，都是我在现场解说的。我们有那么多的网球评论员，但是去现场的机会，两次都让我赶上了。我特别感恩，因为那种比赛万人空巷，所以也在我的职业生涯中留下了很深的印象。但是我也没有止步，生命不息，战斗不止，因为每个阶段都会有新的目标。我从来没觉得站稳了脚跟，但确实有一些时刻，现在想想很神奇。

图4　访谈现场

三、你必须先进入这个行业

李　晶：您解说这么多场的网球比赛，我记忆深刻的除了您对运动员的信息如数家珍之外，对于一些数据的拿捏也非常到位，游刃有余。我们这些学生在学习体育解说时会面临这个情况，就是查到了很多资料和数据，但不太清楚如何使用。您是怎么搜集数据又是怎么做信息处理的呢？

童可欣：这个真的是经验了，因为确实有一个巨大的数据库，我觉得我得天独厚的优势是关于这场比赛的提炼。无论是ATP还是WTA，都有自己非常完善的数据库。平常，他们会针对这场比赛给你集成一个重点球员的看点，就是一个preview，到大满贯的时候会有特别详细的一个preview，同时还有一个电脑屏幕。就像我们转播奥运会的时候，它是一个实时的比分和分析的一些数据，有了这些东西你就信手拈来了。至于你是不是能够一边听现场声，一边看球，一边看屏幕，这完全就是经验了。就像弹琴一样，这几个手指头怎么配合，加上脚怎么配合，这就是习惯。像你刚才说的数据，我们就是去大满贯，跟他们建立联系，他会给你寄一些整合的资料。你必须得先进入这个行业当中，才会有这个方便。

对于一场比赛而言，比如说纳达尔对费德勒，你完全可以在官网上把这两名球员的基本资料包括他近期的成绩等搜集齐整，你首先得很熟悉他，必须具备看英文就像看中文一样快速的能力，然后迅速地提炼出东西，自己写 points（要点）。官网上就有一个 head to head 的记录，你把两个名字输进去就出来一个对阵的信息，就可以大概对这场比赛的走向做一个判断和分析，对可能会用到的数据打钩，在比赛过程里需要快速调用的时候，你就可以赶快用上。这一切都要很熟，你英文如果不熟，当字幕出来的时候，你自己去翻译，然后这屏已经过去了，后边数是多少还没来得及看呢，经常会有这种情况。你要具备用眼睛的余光看一眼，就知道这个数据是什么意思的能力，就像财务报表一样，它出来以后说明什么，每一个数据背后的意义是什么，这就是一种经验。当然，如果你会打网球，你就会很熟悉，会打网球和不会打网球，差别比较大。

李　晶：您现在在解说之余也去打打网球吗？

童可欣：我前些年经常打，近年来主要是网球社交，原因是感觉自己已不年轻，况且膝关节也不是很好。

李　晶：关于数据处理能力，不光是网球解说，任何一个项目的解说都是如此。童老师说了非常好的一个点，就是你得进入这个领域，这是第一步。第二步，你必须对相关的专业知识很熟悉，如果不熟悉，那个字幕条一出来，还得花一定时间去思考怎么翻译，再转化成语句，很容易造成语言表达跟不上画面，出现声画脱节的情况。

童可欣：对，当你在思考这到底是什么意思的时候，就已经浪费很多时间了。

张嘉祺：您刚才说，打网球会对网球运动有比较深的理解，对解说网球比较有利。现在正处于 2022 冬奥会筹办期，我们这些实验班的同学也在想怎么样能够说好冰雪项目，但是有些冰雪项目并不是特别适合实践，比如说自由式滑雪这种特别刺激的、难度非常大的项目。对于实践性要求难度很大的项目，我们怎么能够把它解说得更好一点？

童可欣：我们也在探索。上个星期周例会上，张斌主任还提出这个问题，到目前为止还没有人能够脱颖而出，虽然台里招了一批为冬奥会培养的专业人才，但目前好像领导们还不是很满意，没有发现特别出彩的。不过这种情况也很正常，主要是很多项目对于中国来说都是空白的、非常陌生的，更别说接触到高水平的运动员和教练员了，确实很困难。但还是那句话，很多项目，你能够接触到的最大资源是什么？毕竟我们要举办这样的比赛了，你还是要深入基地的，现在测试赛已经开始了，如果真的去尝试的话，就要到现场，要跟中国运动员建立联系，因为他是替你去尝试这些运动的人。在你没有这种经历的情况下，他是唯一能够让你了解更多信息的人，将他的经历转化成你的解说经验，并用语言来把它表达出来，我觉得这个可能是唯一能够走得通的途径。另外，就是多看资料，多看比赛，对那些超级明星你要做到耳熟能详。哪怕纸上谈兵，你也要头头是道，我觉得这个是最起码的要求。比如，北欧两项哪个国家比较强？历史上奥运会成绩最好的国家是哪个国家？这个国家出了什么名将，哪些是现役的，哪些是退役的？这些都是基本知识，体育解说员的基本功一定要扎实。在此基础上，如果我们国家有队员参加，就深入运动队中问问教练员、运动员。如果语言好的话，还可以和一些外籍教练沟通，了解这些运动项目的神韵在哪儿。只能自己下功夫，没有捷径可走。

李　晶：体育解说也是口耳之学，跟播音员、主持人是一回事，没有捷径，下功夫是非常朴实也非常深奥的道理。对我们这些体育解说实验班的学生，您在提升解说素养方面有什么样的建议？

童可欣：一会儿我在讲课环节上要谈的就是这个话题，题目是《网球解说的素养和心得》，我觉得很多东西都是可以推而广之的。体育解说这个专业是不是有必要存在，是有过争议的，为什么会这样？因为解说像中医一样无法量化，什么是好的，什么是不好的，没有量化的标准。关于教与学，我个人的建议是尽可能地去把它量化。只有具备衡量的标准之后，才能够培养出一批基本合格的学生。

李　晶：培养出来以后，像考普通话一样有个定位。否则，就像您说的，如果不能量化的话，可能从老师的内心来讲，还行吧、差不多吧，但是还行和差不多到底差多少，这是一个问题。

童可欣：我觉得，这个专业的关键是怎么形成一个量化的标准。

童可欣授课

网球解说的素养和心得

图5　授课现场

关于体育解说到底是不是一门学科，曾经引起不少的讨论。我认为这是个障碍，或者说是到目前为止我们没有解决的课题，因为它是一门没有办法进行量化、缺乏评价体系的学科，但是很多学校包括北京体育大学已经开始了非常有益的尝试，想为社会培养更多的专业人才。今天，我就想根据自己的工作经验，和大家分享一下作为一个体育评论员、一个网球评论员，应该具备哪些基本的素质和技巧。

一、网球评论员的八项素质

关于体育解说，中国并没有一个量化的体系，其他国家也都没有一个量化的体系。我手边有一个很早的数据，截止到 1999 年，美国 ESPN 曾经有一项民意调查显示，在观众眼中，网球评论员的素质应包括八个方面的内容。虽然美国跟中国国情不一样，但我相信在体育解说领域应该有可以相互借鉴的地方。

在这八项基本要求中，我觉得北京体育大学的学生有两项是有很大优势的，就是技术分析和战术分析。你如果亲身参与过体育比赛和训练的话，就很容易了解到基本知识，而这些基本知识在其他大学里却不是那么方便获得的。作为网球解说员的素质，北京体育大学网球专业的同学就比其他学校毕业的学生有优势，你对这项运动的认知以及技术分析和战术分析，经过学习，势必会比别人领先一步。这两项内容，属于体育的专业素质，也是最基本的要求。你一定要在自己所要解说的领域当中达到高精尖的水平。

第三项基本素质是心理分析。你怎样才能对球员在场上的心理做出一个正确的分析？这需要大量的观察和积累，而且也要看球员的个性，他处于职业的什么阶段，以及你解说的比赛级别的重要程度。给大家举一个例子，在 2019 年 ATP 男子职业网球世界排名前 10 的选手当中，有一个数据是动态关联的，就是当发球的球员出现一次平分的时候，如果接发球的一方不断给他压力，他保发的概率就会下降。就是说，当出现平分以后，接发的一方有可能完成破发。在这种时候，发球一方的心理一般会受到冲击，哪怕是世界排名前 10 的选手。这个数据是什么样的一个概念呢？世界前 10 的平均保发率在发球局一次平分的情况下是 79.1%，但平分次数出现两次以上的时候，这个数据就会降到 78.8%。也就意味着在世界排名前 10 的选手当中，多次出现平分发球局的时候，保发成功率会有所下降，这表现了平分次数和保发率之间的动态关系。这个数据，被谁打破了呢？ Rafael Nadal，就是纳达尔。在世界排名前 10 的选手中，他是唯一一个能做到当比赛出现一次平分的时候保发率为 84.7%，而两次以上平分时保发概率反而增加到 90% 的选手。这个数据的背后就表现了球员的心理素质，他是一个越战越勇的人，你给了他更多的发球机会，让他处于逆境，反而会激发他的斗志。他打这一局时间越长，拖得越久，保发的概率反而会越高。这就是一种心理分析，你在之前如果不去研究这些数据的话，心理分析是难以到位的。这些经验，需要你在日常生活中积累，这种数据的积累对解说工作非常有帮助，使我们对运动员心理分析的准确率大幅提升，也可以在这项基本素质的评估方面找到一个相对可以量化的标准。

第四项基本素质是观察深度和观察力。观察深度，体现的是体育评论员的记者素质，如果你有相关体育新闻工作背景的话，你可能就会比较理解我所说的这句话。有很多行业是非常需要观察力的，比方说记者、警察、医生，细节会决定结果。如果医生的观察力不到位，比如洗手洗得不到位，可能一个很小的细节，在做手术的时候，就会给病人带来不可估量的生命和财产损失。体育评论员要有记者的素质，对于球员、团队在场上所发生的一举一动都要深入观察，比如运动员是不是有受伤的可能性？是因为技术动作改变造成的？还是抽筋了？这要跟网球规则相结合起来，如果抽筋的话，是不能申请医疗暂停的，你可能要迅速地去想后面有可能会发生的情况。场上形势瞬息万变，你要能够把握得住，包括天气的突然变化、一些场外事件等。如果出现突发事件，你应该怎样应对和处理，这就是一个记者的素质。

第五项是对球员基本资料的掌握，可以总结为语言能力。体育解说是一门声画结合的艺术，对于体育解说员本人来说，更重要的是怎样对体育赛事进行介绍和解释，对于素质的要求就是你需要通过官媒去获得更多的资料，你需要通过球员的社交媒体去下载更多的资料，比如可以去看球员的博客等。在这个过程中，如果你掌握英语、法语这些大语种，或者说像西班牙这种体育比较发达国家的语言，或者体育比较发达地区使用的拉丁语系、罗曼语系，你将会如虎添翼。好的体育评论员应该是语言大师，你要迅速地把信息收集过来转换成母语，让你的观众能够听懂，这也是第五项素质。在解说的时候，把球员的基本资料和画面结合起来，这是基本要求。观众对于解说员素质的要求有点高，要做到这一点，你会发现读 4 年本科远远不够，还应该继续读研究生。

第六项是评论的启发价值。怎样来理解评论的启发价值？体育其实不算是大众传播，相对于其他频道来说，体育频道是一个相对细分的频道，你所喜欢或者你所擅长的单项可能又是小众当中的小众。世界上打网球的人不到 20%，这是世界平均数据，在中国可能不到 10%。让这一小部分人有兴趣来听你解说的比赛，靠的是什么？靠的是语言的吸引力，靠的是表达能力。如果你能够做到让一个从来没有听过你解说的人，从来没有看过网球比赛的人，打开电视机就能停留在你这个频道 5—10 分钟，那就成功了。如果观众是第一次听，你最好能够让他了解这个项目，爱上这个项目，产生去学习这个项目的欲望。这就是评论的启发价值。你能不能做到这一点呢？现在是信息爆炸的时代，人们观看比赛的渠道和听到的声音五花八门，非常嘈杂，如何让你的声音在这些噪音里成为一股清流，能够一子抓住大家的耳朵，让大家记住你？所谓的启发价值也是体育评论员应该具有的素质，要具备这个素质看起来是非常难的，但这就是我们的要求。为什么要量化这个标准？如果没有达到这个标准，就不应该让你毕业，或者说应该让你进一步修炼。就业形势这么严峻，岗位这么少，每个人都知道解说平台很有限，解说岗位也非常有限，而竞争对手这么多，你怎样才能够脱颖而出？这是要好好考虑的问题。

第七项是语调和态度。语调和态度在某种程度上和第六项有关联，也就是说从语调、语音能够听出一个人的修养，有的声音能够牢牢地吸引受众。体育解说大部分时间是不出镜的，在体育比赛的过程中，我们的声音是在后面配合画面的，是起辅助作用的。观众在看不到你的情况下，怎样才能够迅速地被你牢牢地吸引？在你进入这个专业的时候，你就应该有意识地培养自己这方面的素质。你是想给大家很有亲和力的声音、很知性的声音，还是非常真诚的声音，或是要做一个很犀利的评论者？你要给自己一个定位，如果没有鲜明的定位，你很难出彩。进演播室的时候，在造型上如果能够有设计，提高整体的形象水平，将会使你在成功的道路上事半功倍。关于语调和态度，不知道大家有没有这种感觉，就是你听一些人的声音，觉得像刮锅底一样刺耳，或者觉得这个人怎么这么烦，想把他的声音关掉，但有的人声音很有磁性，你就愿意听他多说两句，是不是这样？不是让你们去讨好别人，这是一种有针对性的训练。你可以根据自己的声线跟老师探讨，进行播音方面的学习。根据你的天然条件，老师可以在这方面有针对性地帮你打造和打磨。

语调和态度还包括为人。先做人后做事，你是一个什么样的人？善良的人、真诚的人也可以在解说当中表现出来。你对受伤运动员流露出来的同情，你发自内心的同情和你的假高潮、你的伪善，观众是可以听出来的。要有发自内心的善良，我们的语调、态度，包括我们的外形给别人的印象，应该是由内而外的，而且是统一的。这同样可以通过训练做到，也会在你的工作当中加以体现。你要陪伴观众十几年甚至几十年的时间，你是一个什么样的人，终究会被大家看明白的，是吧？

出色的体育评论员还要有一个非常好的造型。造型其实就是一个符号，它未必是符合你自己心中标尺的。举个例子，我有个同事，以前是一个胖胖的健壮小伙儿，但他从小就想成为一个瘦子，在疫情休息期间减肥将近 50 斤，成为一个瘦小伙儿了，所有的西装穿着都大。他回到工作岗位以后，在屏幕上再也不是那种充满喜感的小胖儿形象了，在某种程度上失去了个人特色，不像之前那么容易被人记住了。其实，你的外形有什么样的特色，你有没有针对性地去打造自己，是非常有技巧和讲究的。

第八项是懂得何时沉默，这点很重要。大家都说，人用一年学会说话，需要用一生的时间学会闭嘴，为什么？有的话说了还不如不说，特别是在当前的融媒体时代，网络上的渠道非常庞杂，有很多噪音，大部分人是不喜欢在网上随意发泄情绪的，可能 95% 的人喜欢你，但架不住那 5% 的人上网骂你、搜你，他会去发泄这种负面情绪，会去制造舆论、发酵舆论。他伤害的不仅仅是你个人，他伤害的是你的平台、你身后的电视台的形象、你身后的集体和体育评论员这个群体。如何在这种环境中做好自己很重要，如何在这种情况下避免成为恶意舆论的发泄口同时又把工作做好是特别值得思考的问题。该沉默的时候就要沉默。举个最近发生的例子，不知道大家看没看中超国安对鲁能的那场比赛。在第一回合的时候，巴坎布有一个不太明显的犯规，是吧？但是当值主裁判给了国安一个点球，结果这场比赛踢成了 2∶2。这件事情引起了鲁能球迷的极大不满和愤怒，鲁能球迷就上网找裁判的资料，把裁判家里的情况全部都给翻出来了，说他的论文涉嫌抄袭并进行举报。举报以后，就要去调查，不管是真是假，都给裁判带来了很多麻烦，对不对？现在还在调查中，最后可能证明他是清白的，但不管怎么说，已经给他造成了很大的麻烦。有很多的足球判罚就是这样，属于可判可不判的，尺度的把握取决于当时裁判一瞬间做出的判断，相关规则也赋予了裁判在合理幅度内进行裁决的权力。在这种情况下，作为一个体育评论员，如果预测说这个情况应该判点球，或者说不应该判点球，如果提前发表了这种评论的话，就属于混淆了评论员与裁判的不同身份和职责，容易使自己陷入被动。后来，这件事情继续发酵，很多裁判都开始为那位涉事裁判鸣不平。待到国安对鲁能第二场比赛时，双方打到 1∶1，比赛已经接近尾声了，这时候两场总比分是 3∶3，接下来鲁能又进了一个球。对于这个球，当时的韩国籍裁判反复回看了录像，后来判了该粒进球无效。整个事件争议长约四五分钟，在没有产生最后结果之前，解说员和解说嘉宾主要是描述画面，没有就犯规和判罚进行评论，因为很可能由于一两句话，该事件就会进一步发酵，导致更加恶性的后果。所以说，中央电视台这个平台不一样，它广阔的覆盖面和海量的受众，决定了稍有不慎就会引发舆情甚至导致群体事件，你们说对不对？同学们如果有一天到了中央电视台工作，绝不能站在个人或者区域某个球队的立场上发表观点。

在网球解说中何时沉默，那是另外一种情况了。网球是一个很特别的项目，网球比赛时间很长，一场球可能要打几个小时，但是千万不要在球员的比赛击球回合没有结束的时候不停地说话，球发起来之后基本就要闭嘴了，等到这个回合打完了再评论，重点是在回放慢动作的时间段进行的，这是网球解说员的基本素质。推而广之到其他体育项目解说，保护自己也好，尊重体育项目也好，尊重观众的耳朵也好，都要学会留白，学会沉默。

这是我想跟大家分享的第一个话题。如果要量化解说员的基本素质，我们可以把它分成八个要点，就是技术分析、战术分析、心理分析、观察力、基本资料的表达、启发价值、语调和语态、懂得何时沉默。这八点，如果你都能够做到，就算是一个合格的网球运动评论员了。

二、请退役运动员做解说嘉宾

如果你有体育背景，当一个体育评论员可能会有天然的优势，但不是所有的体育运动员或者教练员都会成为一个合格的嘉宾，这需要综合素质的加持。在体育解说里有两个角色，大学里面培养的基本上是体育主播，就是我这个角色，做的是 play by play，即描述比赛进程和介绍基本信息；同时，我们会请一个专业运动员来做解说嘉宾，即 color commentator，负责分析技战术。就国际惯例而言，包括我们中央电视台的解说风格也是这样，就是会选择一些退役运动员来做解说顾问。但是，是否所有的顾问都会是好的解说嘉宾呢？其实也未必。

举一个例子，在全美14名知名的网球解说员当中，麦肯罗是一个大满贯冠军，他的解说在民意综合排名中位居首位，其中单项排名最高分4.4分，就技战术分析这一项，大家可能会说这和他拿了7个大满贯冠军有非常大的关系。但是话说回来，同为十八届女子大满贯冠军得主的克里斯·埃弗特和纳芙拉蒂诺娃，这两个人在技战术分析方面的观众满意度只有2.9分和3.7分。在民意测验中，不是你竞赛成绩越好，获得的大满贯数量越多，就一定会更受观众青睐，就一定会让观众更加喜欢这项运动，这并不是正相关的。

跟我合作过的很多运动员都有很好的语言表达能力。姚明、李娜、郎平和邓亚萍，都曾经跟我一起做过节目，或者是接受过我的访谈，或者是跟我的同事一起搭档过。当然，大姚的目标是能够把中国的篮球水平提升到一个新的高度，评论员并不是他的追求。李娜也是这样，她现在的主要精力可能是在家带宝宝，估计将来有可能要运作商业网球、推动国际网球发展，做一个网球形象大使等。采访李娜的时候，发现她特别聪明，幽默感很强，会轻松化解尴尬问题。澳网夺冠之后，她的采访让现场的老外都觉得她真的是中西合璧，包括跟姜山秀恩爱的那种方式其实挺不中国的，但是中国人觉得亲切，外国人也觉得很亲切。郎平是在国外的职业联赛执教，然后又在美国国家队、中国国家队不断地证明自己确实是一个出色的教练员。她也不是一个把体育解说当成自己追求的人，但是有这样韬略的人肯定在体育解说方面驾轻就熟，而且有相当独到和不可替代的观点。还有邓亚萍，我们也听到很多世界冠军解说乒乓球，但是邓亚萍的解说比较客观、公正、简洁，很受观众喜爱，跟她的形象和定位特别相符。这些成功的体育人都有共同的优点，就是都很聪明。其实，玩体育的人都很聪明，都很上进，也都很爱思考，很有阅历，很有故事。

最近一段时间合作的，让我印象深刻的是奥运会帆船冠军徐莉佳。她是2012年伦敦奥运会激光雷迪尔级的帆船冠军，是中国乃至亚洲帆船史上第一个奥运会金牌获得者。徐莉佳是学传媒的，而且是在英国学传媒的，她的目标是当体育解说员，她是在座各位真正的竞争对手。徐莉佳的双耳有听力障碍，左眼视力很差，出生在上海的普通工人家庭，小时候家境不是很好，但是非常努力。她用英文写了一本自传 *Golden Lily*，还出版了一本帆船教学绘本，叫《跟奥运冠军学帆船》。她自己做了一个自媒体公众号，专门采访体育界的运动员、教练员，包括体育解说员，做得很好。她刚刚跨进这行的时候，曾专门给我打过电话，问了我很多问题，是很谦虚的一个人。在跟她一起解说的过程中，我所提到的所有经验只说一遍，她就能很快地抓住我的要点，迅速提高，这种学习能力让我特别佩服。奥运冠军真的不是白拿的。帆船是一项很艰苦的运动，对体力、智力、专注力的要求都很高，或许正是身体上面的缺陷造就了她在海洋当中的那种专注力。她能够迅速地根据海浪和风向的变化做出判断，去操作桅杆、压弦、绳索。大家有空的话可以看看徐莉佳的英文自传。如果在一个公开的平台上竞争的话，徐莉佳可能更有竞争力，她的目标也是要成为一名专业体育解说员。我们两个做节目时，她是要戴助听器的，再好的助听器，戴得时间长了，耳朵都会痛。她跟我做一个小时节目，其实蛮辛苦的，真的很不容易。俗话说，功夫不负有心人，徐莉佳通过超越常人的努力，先是夺得了奥运冠军，现在又成了一位优秀的媒体人，确实很了不起！

三、谈谈网络暴力

作为竞技体育比赛项目的评论员，我和同事们都非常注意秉持不偏不倚的公正立场和态度，可是仍然经常出现双方球迷同时指责评论员在解说中偏袒对方的情况，在目前信息技术高度发达的时代，很容易形成网络暴力。

接下来，我想和大家分享的是我个人受到的网络暴力冲击。现在，为了保护我的平台，为了不给这个群体带来麻烦，不给我的同事、单位带来麻烦，我说话是非常慎重的。而且，我很早就把微博停掉，是一个既没有博客也没有微博的人，我不喜欢也不做短视频，也没有抖音账号，只给杂志写专栏。在这种情况下，非常“感谢”观众的“厚爱”，我的解说还能被骂上热搜并且瞬间来到热搜前三。我觉得也挺不容易的，说明观众对你的关注是非常高的。

这场比赛是在 2019 年 7 月 14 号进行的温布尔登网球公开赛（以下简称“温网”）男单决赛，在费德勒和德约科维奇之间展开，比赛打了将近 5 个小时，最终的比分是 3∶2，德约赢了。为了避免出现长盘决胜时间无法控制的情况，温网去年刚刚改成了第 5 盘决胜盘如果打到了 12∶12 还不能决出高下就再打一个抢七，所以这场比赛打到 12∶12，然后德约在抢七时 7∶3 赢了，最后一盘比分 13∶12。整个过程是这样的：第一盘，德约 7∶6，也是抢 7 赢的；第二盘，1∶6，他很快就输了；第三盘，又是 7∶6，他很艰难地赢下来；第四盘，还是 4∶6，输得相对比较快。感觉德约是在用技巧打球，他把所有的劲儿就集中在一盘上发力，拿下一盘，然后下一盘就歇着，然后再拿一盘，取得比分领先，下一盘再歇着。比赛果然就如愿地推到了最后的抢七，确实是一场势均力敌的比赛。最后的决胜盘打到 12∶12，真的是难分高下，观众此起彼伏的这种声音，让我心情久久不能平复。我想跟大家分享的是什么？我以前受过德约球迷的攻击，他们可能太爱德约了，不论德约的对手是谁，都会觉得我偏向对手。在这场比赛开始之前，我特别认真地做功课，也做好了思想准备，一定要公正、公平、客观，同时也要坚持自己的原则。既然把我派到了前方，我就是观众的耳朵，就是观众的眼睛，就要全面展示前方真实的情况。我跟观众在家看电视的视角是不一样的，我是前方比赛的一部分，有很多你在家听不到的东西，我可以告诉你，我传达的是现场的真实状态。这场比赛的真实状况就是全场观众一面倒，几乎没有人支持德约，可能是因为费德勒是八度的温网冠军，英国人很喜欢他。英国人很讲腔调，在四大满贯里面，温网是讲究最多的，例如要全身白衣，要向皇家包厢行礼，输球的人不能先走，要和对手一起离开球场等。它是历史最悠久的大满贯，同时也是讲究最多的，说明英国人特别注重传统。德约长期以来塑造的形象跟费德勒是完全不一样的。现场的这种声音一浪高过一浪，而且费德勒是老球员，再过一年就 40 岁了，不确定明年夏天还能不能再打，观众对他还有同情分，对吧？可能那是他最后一次再拿温网冠军的机会了，我觉得英国观众偏向费德勒是可以理解的。我认为我在解说当中并没有偏向费德勒，但是德约的球迷不干了，我被骂上热搜的理由就是他们认为我太偏向费德勒了。我当时确实是说，在赛前跟英国当地媒体进行过交流，问他们如何看待这场比赛，我们的技术人员包括隔壁电视台的导播都说更看好费德勒，这句话有问题吗？但是，这句话对于有立场的人来说就扎心了，但我说这话的时候是没有立场的。

那天，结束了在温网 15 天的转播，我很开心。一个小分队去国外转播，一般收队的时候，都会有个庆功宴，大家一起吃个饭，因为第二天就要乘飞机回国了。我这时候还挺开心的，心想这场转播自己一个人解说了 5 个小时，准备得很充分，现场也表达得非常好，至少表达出我准备材料的 90%。因为这场比赛太经典了，打成 12∶12，最后打个抢七。这样的比分，又是温网决赛、两个传奇选手，可能以后再也看不到这样的比赛了。

在伦敦中国城的餐厅，我突然收到了新浪小编的微信，紧接着搜狐也来电话，说童老师你已经上热搜了，你有没有什么要回应的？我当时很困惑，因为评估一下这场转播中我的功课还有我的表现，我给自己打 90 分。结果，这件事情上了热搜。我的第一反应就是不能回应，还是这个原则：首先，我从来没在微博上回应过任何事情；其次，如果回应不当的话会造成不可估量的后果，可能让这件事情在网络上发酵（当时国内已经非常晚了），也许明天就不仅仅是上热搜这么简单了。

回国之后，因为这件事情上了热搜，领导找我谈话了。我就写了一个情况说明，然后让领导跟我一起再回看一遍比赛和解说录像。领导看过以后，觉得没有问题。还是那句话，你不能够要求观众跟你一个视角，或者说跟你一个水准。你在解说这场比赛的时候，你是比赛的一部分，但是观众只是一个看客，他可能关注的不是前方的东西，而是关注这场比赛别的东西，说出来的可能是在家里或者在网络上说的话。可能95%的人喜欢你，认为你说的没有问题，可是他们不发声，而只有5%的人发了声，并且把这个事情说得比较偏激，最后就造成了一定的负面影响。我后来想，可能这也是一件好事，不管现在多少平台有温网的转播权，观众有多少渠道可以看，但是看我的人还是多，要不然我怎么能上热搜，是吧？只能这样自我安慰了。

我有一些粉丝，就是以我为乐。我的外号叫童阿姨，可能因为我回中央电视台的时候已经35岁了，我的同事们大部分都比我小10岁以上，他们叫我阿姨也没问题。现在，我的同事都比我小20岁了，叫我阿姨更没有问题。他们觉得这个阿姨还经常发出爽朗的笑声，说呆萌的话，挺有意思的。还有一些人开了抖音账号，专门把我的语录摘下来，还做了一些短视频，号称我的粉丝，但我和他们从来没有见过面。今年疫情刚开始的时候，所有的网球比赛都取消了，有一个粉丝把我日常解说的声音抠下来做了一个小广告，还有一些是我在解说当中出现的错误，它是一些事实性的错误，但也是口误的一部分。举个例子，今年美网期间，我想更多地给观众介绍一点信息，在转场的时候出了一个字幕，我就介绍了一下其他球场正在进行的比赛情况，然后就看到了梅德韦杰夫的比赛。我顺口就说了一句“上届冠军梅德韦杰夫……”，这句话确实是一个硬伤。像这种硬伤，其实它都是潜意识的。为什么我会认为梅德韦杰夫是美网冠军，因为他去年跟纳达尔那场比赛打得太好了，他差点把纳达尔给掀翻，我当时就觉得梅德韦杰夫是有战胜纳达尔的实力的。当然，最后还是纳达尔获得了比赛的胜利。21世纪以来，拿过大满贯冠军的人到底有多少个，这几个新人都数得出来，梅德韦杰夫肯定没拿过冠军。在所有这些潜意识当中，有的属于记忆疏忽或记忆混乱。所以，当灵感乍现的时候一定要注意在嘴上把一道关，千万不要随口就说。说了以后，再怎么弥补，观众都已经听到那个错误，他可能听不到后面你去纠正错误，但是前面的错误已经给他造成深刻印象了，所以要认真对待这种事情。

图6　合影

人物摄影：秦天碧　许小龙

文字整理：方文萱　张嘉祺　李梓昂　李　晶　尹素伟　薛文婷

采访时间：2020 年 10 月 30 日

采访地点：北京体育大学北体传媒演播室

王异面对面

图 1　王异

王异，1978 年生，北京广播电视台北京体育广播主持人、解说员、记者，主持《体坛夜话》《激情赛场》《雄鸡唱晓》等栏目。1997—2001 年就读于北京广播学院（现中国传媒大学）播音主持艺术学院播音系；2001 年进入北京人民广播电台，在五里河体育场亲历中国男子足球世界杯“出线”的经典一幕；2002 年，参与世界杯 42 场精彩赛事解说。近年来，主要负责解说中超联赛、CBA 联赛等重要的足球、篮球赛事。

王异访谈

广播解说员是听众的眼睛

图 2　访谈现场

访谈嘉宾：王　异

访谈师生：刘亚平（教师）吴斯琦（学生）齐雨声（学生）

一、广播解说和电视解说差别这么大

刘亚平：大家好，今天我们邀请到北京体育广播的体育解说员、主持人王异，来和大家分享他关于体育解说、主持工作的经验。自 2001 年参与世界杯外围赛报道开始，王异老师参与了包括奥运会、男篮世界杯等许多大型赛事的报道与解说工作。作为资深的专项记者，王异老师近年来也一直参与中超联赛和 CBA 的报道与解说工作。他用专业的赛事解读能力、大气稳健的主持风格、富有激情的语言表达，彰显了体育解说的魅力与风采，成为体育文化的出色传播者。

王异老师的体育解说和主持风格，可以归纳为两个“全”。第一个“全”，指的是“全面性”。在现有的体育解说员中，像他这样解说多个运动项目的已不多见了。从中超到 CBA，他跨了篮球和足球两个项目并且都解说得很专业，他还经常参与全国冰球联赛等冰雪赛事的解说与报道工作。第二个“全”，指的是他在运动场上的“全能型”。中学时代，王异老师是北京市校园篮球赛场上的优秀球员，多次代表学校参加北京市校园篮球竞赛并取得优异成绩。王异老师还是跳高国家二级运动员，最好成绩是1米92。足球方面，他曾是北京广播学院校足球队的主力门将。近年来，王异老师又开始参与马拉松运动，首马就以4小时30分的成绩完赛。正是对运动的广泛兴趣和积极参与，让他对运动项目有了更内行、更专业的解读，也因此赢得更多“懂行”体育迷的喜爱。

在参与解说与报道中超联赛和CBA联赛期间，王异老师以其专业、全面、准确、鲜明的分析解读能力受到听众喜爱。同时，作为北京体育广播《激情赛场》《雄鸡唱晓》栏目的主持人，王异老师还承担着整合体育资讯、传播体育文化、引导大众积极参与体育等相关工作。可以说，王异老师始终怀揣着热爱体育的初心，以传播体育文化、激励大众参与为使命，用自己的敬业、努力与付出，成为球迷心中专家型的体育传媒人。

吴斯琦：王老师，您毕业于北京广播学院播音系，当初是怎么走上解说这条路的呢？

王　异：从兴趣出发，多一点尝试，是我一个特别重要的经验。上学的时候，你接触到的每一件事情，你做的每一件事情，在未来都会有价值。可能在一段时间里，你觉得某一个学科、某一门课程不是很重要，或者你有机会去接触某一个项目但觉得不会去从事它所以拒绝这些兴趣之外的机会，但我鼓励大家要去看、去尝试、去接触。为什么呢？因为如果你勇于尝试、多尝试，也许有一天它会成为你工作当中非常重要的财富。这是我对自己运动经历和从业经历最大的体会。

至于说能够走上体育解说这条路，能够做体育播音主持，我觉得是机缘巧合。我在中学阶段没想过要做体育解说，当时我的一个师姐提议说，要不一起去参加一下北京广播学院（现中国传媒大学）的考试，一起去的还有央视体育频道的杨健（杨健于2021年加盟咪咕）。杨健是我高中同学，我们一起去广院考试，一起进的播音系。在大学读书的时候，作为一个在北京长大的孩子，我在我们系里属于口齿不太清楚的，因为北京孩子说话比较懒，说话的时候容易吃字，嘴不是很紧，和其他同学比起来是有些差距的。我也是上了大学才发现和其他同学有差距的，我的一些同学在上中学时候经过专业培训，表达能力非常强。那时候，我觉得自己是不是选错专业了，未来该怎么去和他们竞争？后来老师跟我说，你既然喜欢体育，也练了那么多年体育，是不是可以考虑往这个方向发展一下？这算是给我开了另外一扇窗户，老师也特别支持我。在学校里面，和老师的沟通、交流非常重要。那时候，老师告诉我，让我去尝试，到赛场上去实践，之后再来和老师沟通实践经历，这或许比你在教室里面念一篇文章更有效。所以说，老师的建议非常重要。

吴斯琦：是老师的建议助推您走上了体育解说这条路，您还记得自己解说的第一场比赛吗？

王　异：想不起来了。我印象中有一次去北京工人体育场见习，虽然不是我第一次工作，但我知道两三周之后自己可能会坐在这个位置转播国安的比赛，所以先去工体看两位老师在那儿怎么用广播的方式转播比赛。20世纪90年代，大家看电视多一些，对广播转播并不是很了解，所以我对去工体见习印象非常深刻。我心想，原来广播解说是这样的啊！在一个小屋里，接一根电话线，戴着耳麦，在那儿看着外面不停地说，不停地说，中间一点儿都不停，这说90分钟得多累啊！我对当时的印象非常非常深刻，解说员要一刻不停地和嘉宾配合，讲比赛进程、描述现场画面，我才发现原来广播解说和电视解说差别这么大。

二、让爱好成为职业是件幸福的事儿

齐雨声：刚刚刘亚平老师介绍您时用的第一个词是“全面”，您都解说过哪些项目呢？

王　异：说得比较多的还是足球和篮球。这跟我的工作有关系，我除了是解说员，还是记者，会跟着国安队、首钢队去报道整个联赛，南征北战。其他的项目都是浅尝辄止。奥运会的时候，几乎所有的项目我都接触过。印象比较深的是2008年北京奥运会，摔跤、柔道、举重、射击、体操、跳水等项目我都解说过，工作强度挺大的。早上8点到直播间，9点开始转播，出直播间得晚上10点，要不断地在不同的项目间切换。有时候，这边屏幕上是游泳，中国队要比赛了，马上和嘉宾一起说游泳；然后，另外一个屏幕上要出金牌了，就马上切到那边做金牌播报。

齐雨声：您怎么将这两个项目的解说做到又精又专？这两个项目的解说有没有什么可以迁移、借鉴的地方？

王　异：说不上又专又精，就是靠时间的积累，时间能够带给大家很多东西。换句话说，就是要靠很多场次的积累。我毕业之前就开始在电台解说国安的比赛，那是1999年夏天，刚接触足球解说，到现在也20多年的时间了。篮球解说大概是从2003年、2004年开始的，也有十多年时间了。积累很重要。

另外，就是亲身参与。如果你没有亲身经历这项运动，而是以旁观者的身份去看，可能总是隔着一层纱的感觉。当你经历过、体验过，就会知道他在场上那一刻的感受。再加上原本我也经常采访球员，通过和他们的交流可以让你的亲身感受得到印证。球员的高度和咱们肯定不一样，是吧？在那一刻，他的感受可能更细微甚至更极致。我接触过很多大学生，专业知识非常丰富，比我们上大学那会儿知道的多多了。我们上大学那会儿，每天只能看几张报纸，现在大家在网络上可以搜集各种各样的联赛信息，在信息积累的程度上远远超过我们当年。咱们同学起步很高，但还是要花时间去积累、去磨炼。机会可遇而不可求，一旦你有机会亲身参与解说、参与体育节目主持的时候，一定要多尝试。

吴斯琦：说到参与，据我了解，王异老师也参加了北京传媒之星篮球队。像您又参与篮球项目，又解说篮球项目，您是怎么平衡爱好与职业的呢？

王　异：能把自己的爱好当成职业，我觉得很幸福。现在大家的压力都很大，对吧？你在工作中每天承受压力，心情不会很愉悦，但如果工作是你的爱好，你发自内心地愿意干这件事，比如说篮球转播，如果今天没有转播任务，我就不看比赛了吗？我也一定会去看，对吧？而且我又能看球又能挣钱，还能表达观赛感受，后来发现还有机会到现场去看，还有机会和球员近距离地在更衣室里聊天，于是对这个项目的喜爱不断在推进、在强化。所以说，让自己的爱好成为职业是件幸福的事儿，也真心希望想做体育解说的同学们首先让自己爱上体育。

三、体育解说是有立场的

吴斯琦：您刚刚提到自己是首钢和国安的球迷，而且解说了他们很多场比赛，那您现在在解说每一场足球或篮球比赛之前还会做什么其他的准备吗？

王　异：没有什么其他的准备，我觉得所有转播之前的准备都是类似的，就是对于球员信息的准备，对于比赛信息数据的积累。我觉得最重要的是要去接触这个球队，当你去接触这支球队的时候，会了解到很多外界看不到的信息。比如说，他今天状态不好，他最近这个数据不是很理想，你只是通过数据来分析是不够的，他为什么会这样？他是不是出现了伤病？这场比赛，他怎么不卖力气呢？或许是头一天他胃炎犯了，没吃饭，有腹泻，第二天比赛咬着牙上场……通常队员不会在比赛之前到处说，对吧？比赛结束之后也不会说，说了就像是找借口。比赛输了然后你说肚子疼，赛前你怎么不说？这个时候，就需要像我们这样跟他们有接触的记者、主持人，了解到一些相关信息，并在转播过程当中非常客观地表达出来。每一个人对于信息的分析和接受的角度都是不一样的，最终要由受众去决定。我觉得能够在赛前去接触球队，去了解更多的信息，在转播当中适当地提供给受众，是非常重要的。

齐雨声：有学者认为，体育解说是体育播音的一种形式，您大学时学的是播音，您怎么看待这种观点？您认为播音功底对体育解说员来说重要吗？

王　异：我很赞同这个观点，播音不是简简单单坐在那儿拿着稿子去念。提到播音，有一个词儿叫“播音腔”，是吧？为什么大家有的时候觉得体育解说不是播音，是因为体育解说的状态是在讲述，不是在播报，但并不意味着你在讲述的过程当中可以没有播报的基本能力。比如说，在解说一场比赛时，你是不是能够很清晰地表达出比赛内容，你的语速快慢、声音高低，所有这一切其实都属于播音创作基础的范畴。体育解说和播音是相通的。我们上学的时候，老师会说，有稿播音锦上添花，无稿播音出口成章，体育解说属于无稿播音。

齐雨声：最近，方言解说非常火，您是北京人，您会用北京腔解说吗？还是会刻意掩饰？

王　异：方言解说，对北京人来讲是比较吃亏的。你要说方言解说，粤语就不用说了，人家电视台都有粤语解说，现在比较流行的方言解说，比如川普（四川普通话）的解说、东北方言的解说，是源于那个地域的一种语言文化。北京话和普通话的差别没那么大，而且在转播过程当中语言还是需要有一定控制的，所以我偶尔会带点儿北京话色彩，也就是加一些北京传统的词儿，用一些北京人用得比较多的儿化音。

齐雨声：您在说国安或首钢这种主队球赛的时候，会流露出一些“主队”情绪来拉近跟观众的距离吗？

王　异：我觉得所有的人都是有立场的。我以前也跟其他主持人、体育解说员讨论过，一场比赛，如果解说员有立场的话，总会有另外一边的球迷不喜欢你，对吧？尤其是在网络解说中。像我们北京广播电台转播北京国安和广州恒大的比赛，受众首先是北京的球迷群体，那我毫无疑问要站在北京的角度，更多地倾向于北京，大家会觉得你有倾向，对吧？有人说，你看央视说中超就没有倾向，我跟他们开玩笑说，那你去看看奥运会，央视说中国国家队的时候有没有倾向？我觉得人都是有立场的，你很难把它完全割裂出来。即便是两个跟你没有关系的球队，比如去说一场 NBA 的比赛，解说员会更倾向于什么呢？要么这个球队里有球星，要么他会给那个弱的、落后的球队出主意，他希望比赛打得精彩，都是会有一些倾向的。

吴斯琦：我们刚刚谈到主客队的问题，现在很多新媒体平台会推出多路解说，比如咪咕现在转播 CBA 会分中立场解说、主队解说和方言解说，优酷转播 CUBA 也会设置两个主队直播间。您怎么看待现在兴起的这种两路或多路同时解说的现象？

王　异：首先是因为技术条件达到了，能够同时开两个或多个直播间，有的偏专业、有的偏娱乐，受众可以选择自己喜欢的主播。我也参与过优酷的主客场转播，挺有意思的一件事儿，你会发现往往会有对面那屋的观众跑到你这屋来挑衅，就相当于在同一场比赛当中，把观众放在了两个完全不同的体育馆里，你在主队的氛围当中，在这个群体当中有一个凝聚力，是非常好的情感连接。

四、广播解说要服务于球迷

齐雨声：风格对解说员很重要，作为广播解说员，只有声音是能够让听众感受到的，那风格的塑造是不是更难？您怎么定义自己的解说风格呢？

王　异：确实是这样，广播解说和电视解说不一样。电视解说是有画面的，广播解说都要基于解说员的语言表达。我觉得喜欢体育比赛的人都是热爱生活的人，都非常积极向上，而且喜欢体育比赛的人往往都有非常敏锐的洞察力。如果你跟看台上观看比赛的球迷聊天，他通常能把自己在看台上看到的场上的一些细节说出来，而这些是你没有看到的。作为广播解说员，我觉得首先给自己的定位就是你是听众的眼睛，你要帮助他们看到更多赛场上的细节。再有，体育比赛永远充满了激情，尤其是广播，当你只能够通过声音表达的时候，你更应该保有激情，让听众通过你的声音感受到比赛场上的那一份紧张，甚至输球之后的那一份沮丧。我觉得广播解说的风格差异不像电视解说那么大，因为它承载的核心任务是要干摄像机干的事儿，每台摄像机其实都差不多，它没有性格，它的职责是记录。

吴斯琦：那是不是说广播解说员想要形成独特的、一下子就能被听众辨认出来的风格，是更难的一件事？

王　异：我觉得是这样的。风格固然很重要，但最重要的是你做这件事情的出发点。咱们都在强调不忘初心，做体育解说员的出发点到底是什么？我觉得出发点就是让这些不能够在现场观看比赛的，不能够在屏幕前观看比赛的球迷，能够通过你的努力让他们产生身临其境的感觉。解说员的个性塑造是建立在这个出发点之上的一种水到渠成的事情，而不是你想把自己塑造成什么样。如果之前有这种想法的话，可能会走一些弯路。

刘亚平：对，其实体育解说也是道法自然的。你热爱这项运动并去解说、传播这项运动，你眼睛看到的、内心感受到的自然而然就融入解说了，这样，你才能更好地服务受众。如果你有更多其他想法的话，譬如为了名或利，可能会偏离体育解说应有的那份本质，即对体育运动的热爱和对生活方式的传播。

齐雨声：您也参与过像优酷这种新媒体平台的解说，您觉得广播解说跟电视解说、新媒体解说相比有什么独特魅力？

王　异：最大的魅力就是你有绝对的创造性。不管是电视还是新媒体，对于比赛的塑造是源自画面，解说员的创造性更多是在解读和评论上。但在广播解说的过程中，你的语言的创造性，或者说你对于比赛的塑造，是最有成就感的。通过你的描述，通过你对比赛节奏的掌控，能够让听的人不看画面就知道这个球在哪儿，知道球在谁的脚下，甚至知道他在做这个动作的时候是什么样的姿态……这些画面感的塑造比较难，也是广播解说的最大特点。如果你能把这个东西描述出来的话，其实是一件挺有成就感的事儿。

齐雨声：广播解说经历过一段黄金岁月，但随着电视解说、新媒体解说的兴起，广播解说的影响力有所下降。您怎么看待广播解说的未来？如果有机会，您会考虑更多地参与新媒体平台的解说吗？

王　异：那要看怎么定义新媒体了。说起广播解说的黄金时期，我觉得有两个吧，一个就是刚兴起的时候，那时候大家都穷，没电视，都听收音机，那是一个黄金的时代。再一个，就是家用车刚刚兴起的时候，你在车上也只能听广播解说。现在进入一个新的充满挑战的时代，但我并不认为广播解说会被挤掉、会慢慢消亡。主要看怎么定义广播解说，我更愿意把它定义为音频解说。我觉得新媒体介于广播和电视之间，因为它是一个小屏，有时候还要通过一些描述来强化画面。现在体育赛事的视频版权越来越贵，在这种情况下，有多少人会拿着手机在那儿看两个小时的比赛？可能一个更加有话语量、有信息量的音频解说，就可以满足用户的一些基本需求。当他需要看比赛的时候，点开 App 看精彩镜头就可以了。

刘亚平：王异老师提到的这个观点，我非常认同。未来，广播可能有更大的空间，包括音频技术的发展空间，包括我们生活的空间，譬如在汽车上、在旅途中。还有，就人体来讲，我们的眼睛已经承担了很多读取信息的责任，我们的耳朵也应该去享受本应该美好的体育比赛的解说。感谢王异老师的分享！相信每位同学都会更加热爱运动、参与运动，然后把我们对体育的理解和热爱分享给更多的受众，去共同拥有健康幸福的生活方式。

王异授课

听到的比赛也精彩

图 3　授课现场

一、广播体育解说的优势与特点

和大家分享一些我从事体育广播解说工作的经验。我把体育解说分为三类：广播体育解说、电视体育解说和新媒体体育解说。

广播体育解说是最早出现的一种解说形式。1951 年，苏联篮球队来到上海，和中国球队进行了几场表演赛。比赛场地是上海的卢湾体育馆，能容纳 4,000 人，是当时全国数一数二容积比较大的场馆。票很快就售光了，但大家观看比赛的热情非常高涨，就不断有人打电话给广播电台，问能不能够转播这场比赛，让他们能通过收音机第一时间了解比赛赛况。上海人民广播电台就请张之老师作为这场比赛的体育解说员，和后来成为著名演员的陈述老师一起搭档解说这场比赛，这是新中国第一场正式的广播体育解说，或者说是新中国第一场体育比赛的直播。从 1951 年到 1978 年，可以看作是体育广播解说时代。

1978 年改革开放后，大家的生活越来越好，电视也走进千家万户，第二阶段就出现了，这就是电视体育解说时代。1978 年，中央电视台先是在 6 月份转播了世界杯足球赛的半决赛和决赛，又在 12 月转播了曼谷亚运会的开幕式以及女排、男篮决赛——这是中央电视台第一次派人在海外进行现场直播，真正开启了电视转播时代。随后，就进入了电视体育解说的一个黄金时期。像 1982 年的西班牙世界杯，中央电视台派 4 位解说员在香港直播了 24 场比赛实况，又以后期配音的方式播出了 19 个赛事剪辑。1990 年的意大利世界杯期间，中央电视台转播了全部 52 场比赛，其中直播 18 场，宋世雄和孙正平两位老师在意大利的世界杯新闻中心完成解说。另外，像 1984 年以后的历届奥运会、1990 年的亚运会等，电视将体育比赛的画面传入千家万户。

第三个阶段是新媒体平台的解说。我觉得这个没有一个特别明确的时间节点，为什么呢？因为涉及如何定义新媒体。我最早接触新媒体，是在传统的门户网站时代。那个年代，和电视相比，网站是新媒体，现在这个年代，大家会觉得 App 才是新媒体，传统的门户网站已经被划归到传统媒体行列。大概在 2000 年之后，传统媒体的网页版和门户网站开始转播体育赛事。2008 年北京奥运会后，新媒体的赛事转播发展迅猛。现在，几乎所有的同学、朋友都通过新媒体关注比赛进程，如乐视就曾经收购了非常多的比赛版权，现在优酷、爱奇艺、咪咕等视频平台都买到了体育赛事版权，甚至中央电视台除了通过电视渠道转播赛事，也会在自己的新媒体客户端转播和解说体育赛事。如今，新媒体体育解说已经成为一支非常重要的力量。

广播体育解说出现的时间最早，受到的冲击也最大，但我觉得广播解说有它的不可替代性，或者说具有自己的优势。优势是什么呢？

第一，技术操作更加便捷。早年间我开始从事广播解说的时候，只需要一部电话，坐在现场就可以实时地向大家解说比赛。后来，技术更新了，开始用手机，更加灵活。再往后，有光纤的传输，能够保障信号传输的稳定性。广播技术也在不断更新，但不管怎么更新，操作都十分便捷，几乎一个人就可以完成一场体育赛事的直播。在这方面，不管是电视媒体，还是网络媒体，都无法做到。

第二，伴随性、服务性和互动性更强。在体育比赛过程中，如果是以观看的形式，受众会长时间被限制在一个固定的场景当中，或是坐在家里的沙发上，或是坐在车里，即使现在很多朋友能移动，拿着手机、iPad，也总是要限制你的移动空间。但广播有更好的伴随性，你可以用手机或收音机在任何地方随时收听比赛。服务性表现在通过广播传递比赛信息，不会占用受众太多的信息通道，体育解说员会把赛事相关的一些信息，包括画面信息、球员介绍等，通过语言传递出来，有更好的服务性。互动性是广播的一个非常大的特点。我们在广播解说的时候有一个互动平台，可以看到听众在收听或收看比赛时发送过来的短信或微信。在服务性和互动性上，广播具有更忠实、最稳定的收听人群，这是整个广播行业的特点。目前，拿收音机收听广播节目的受众群体在萎缩，但通过手机或者其他客户端坚持收听广播的人很多。广播受众的黏性和忠实度非常好，这一点远远地强于电视，更强于网络。

在广播、电视和新媒体解说中，忠实度最高的是广播解说，其次是电视解说，流动性最强的是新媒体解说。新媒体解说的压力是如何留住用户，广播解说最大的压力是如何让受众群体进一步扩大，因为它的忠实受众的流失率并不是很高。

基于广播体育解说的优势，我们要分析如何去发展。想要发展就要了解它的特点，广播体育解说有非常鲜明的三个特点。

第一，纯声音打造的“视听”空间。“视”指的是解说员可以看到，“听”指的是解说员把看到的一切经过转化传递给听众，用的方式是纯声音。广播解说员是听众的眼睛，这个眼睛的延伸也是情感的延伸。解说员要把自己看到的一切在第一时间用自己的语言传递给受众，他要把画面信息转化为语言信息传递出去，比如说做一些赛事信息的播报，做一些场面、细节的描述，以展现赛场动态。

第二，跌宕起伏。为什么要有节奏？要跌宕起伏？因为我们看的是比赛，比赛就存在着跌宕起伏的情境，一场比赛你永远无法预计下一秒会出现什么，所以语言节奏要随着比赛节奏发生改变。当比赛节奏变快的时候，我们的语速会变快，我们的声音会变高，甚至有时候会出现一些破音，出现一些不是很符合传统播音方式的一些发声现象，这都是体育解说非常重要的组成部分，是非常真实的体现。总之，语言的节奏、语速、音量，包括声调的高低，都是展现赛事进程的方式。

第三，巨大的话语量。广播解说是语言的艺术，话语量非常大，大到什么地步呢？一场足球的比赛时间是 90 分钟，90 分钟里广播解说是不能停顿的。按我们现在安全播出标准的要求，空播的时间也就是没有任何音频输出的时间，不能超过 5 秒钟，超过 5 秒钟就属于播出事故，空播 3 秒钟直播间就会报警。我们可以数“1、2、3”，停 3 秒钟不说话，在有画面的情况下，大家觉得没什么，但如果是广播直播，这 3 秒钟会让直播间里的主持人、导播变得异常紧张。所以，广播解说的话语量非常密集。一场足球比赛 90 分钟，我大概每分钟够说 300 字，也就是整场得说 27,000 字，加上伤停补时，达到将近 3 万字的话语量。

来听一段广播解说，是上上个赛季北控对福建的比赛解说，这次转播不是在比赛现场，听起来情绪波动没有那么大，但是能够感受到话语量和纯声音的一种播报方式。在这一段当中有几个组成部分，比如说对画面的描述，对比赛进程的描述，以及莫尔特里和王子瑞之间的掩护等；包括在描述和评论之间的一种转换，当出现罚球画面暂时停顿下来的时候，可以增加一些评论性内容，比如王哲林的犯规对于未来的影响，莫尔特里的打球风格等。在比赛中断和暂停时，可以加入一些评论，但在比赛进行过程当中还是要多使用描述性语言，得分时候也可以让语言有一些情绪上的改变。

完成一场比赛的广播解说，还要掌握一些小的技巧，譬如空间感和画面感。我们不断强调广播体育解说最重要的一点就是通过语言来描述、还原赛场上的细节，那么画面感和空间感就变得至关重要。怎么体现画面感和空间感呢？在广播解说时，如果你简单地说 1 号侯森、3 号于洋、6 号池忠国、9 号张玉宁、10 号张稀哲……对现场观众来讲，他可以看到球员站在什么位置，但对收音机前的受众来说，在没有任何画面作为参考的时候，它就是简单的数字和球员姓名。怎么用画面感和空间感来描述球员在场上的位置呢？比如在转播更早一些时候的亚冠比赛时，广播解说可以这样介绍首发阵容和球员位置："场上阵型是 4-2-3-1，守门员是杨智；后卫线上，左边后位是赵和靖，右边后卫是周挺，两个中后卫是郎征和徐云龙。"这样，后卫线 4 个人以及每个人的位置都体现出来了。"后腰位置上，是河大成和巴塔拉；前卫线，张呈栋在右边，左边是宋博轩，中间是 21 号费祖拉乌；最前面的单箭头是德扬。"用这样的方式，前后左右几条线，后卫线、后腰、前卫线、锋线，左边、右边、中间，每一个位置加上方位感，你就能知道场上的球员站在哪儿。空间感和画面感，可以通过这样的方式进行呈现。

空间感还有一种展现方式，就是建立坐标系。比如，在足球场上有22个移动的点，一个人的拿球点在哪儿，是在中圈里面，是在进攻的禁区，还是在防守三区？是在左路，还是在右边？如果防守方在禁区右侧犯规了，那对方的定位球在我们防守的右后卫的身前；如果在防守禁区的右角，和球门成 45 度角的位置上出现了一个犯规，对手将会在禁区右侧进行直接任意球；如果说在中场位置上，可以以中圈作为一个坐标系。不管是足球场，还是篮球场，它是有线的，通过这个线来作为一个坐标系进行描述。

画面感更多是一种描述性的语言，要善于描述细节，善于进行横向类比。比如，篮球转播当中有一个细节说汤杰加速。汤杰是一个不高的后卫，在篮球场上你可以把他比喻成一个"超级跑车"。在足球赛场中，也可以把个头不高但速度非常快的球员比喻成"超级跑车"，如果体重大，一般是后卫，可以把他比作"卡车"，比如说"场上出现了一个犯规，'卡车'追尾'超级跑车'"。如果发生事故，在现实生活当中吃亏的一定是跑车，卡车吨位大不容易被撞伤。在足球赛场上也是一样，一般这种情况下吃亏的都是那个小个儿，都是那个前锋。在碰撞当中，你可能在形容或者调侃的时候，就可以说，"在这一起'交通事故'中，吃亏的是'小跑车'，'大卡车'在这个交通事故当中把'小跑车'撞了出去，获得了胜利"。通过这种类比去描述画面感，是解说语言当中的一个技巧。

二、广播体育解说员的心理素质

下面说说广播体育解说员的心理素质。这是三张照片，三种完全不一样的工作状态，这都是体育工作者切身的工作状态。

图 4　王异在工人体育场解说赛事

图 4 是我在工人体育场解说的场景。那时候还没有疫情，还能在那儿转播比赛，身边就是球迷。可以看到在我们的台子上面有转播设备，这个设备需要广播解说员独立安装、调试，解说员要和嘉宾配合，要介绍比赛的相关资料和信息，都是在一个非常狭小的空间里面集成的。这需要解说员有“三心二意”的能力，就是在干一件事情的时候，同时还要能够想着第二件事情。

图 5　记者在休息

图 6　王异在比赛现场录音

图 5 是电视台记者在休息。在不同的环境当中有不同的工作状态。体育工作者是

很辛苦的，大家不要想象解说员好像总是光鲜亮丽的。这个姿势，躺平了，是吧？就直接睡在赛场外面。如图6，是比赛前一天我在贵州的奥体中心做赛前报道。体育记者出去之后，任何环境都是你的工作环境。这时候，你要有非常强大的心理素质，一个非常好的身体，更重要的是你愿意去承受这一切。心理素质至关重要，有这样的心理素质，在比赛当中出现一些意外的时候才不会慌。我经历过的一次最大的意外，是当年在石家庄，北京国安对阵石家庄永昌，比赛踢着踢着停电了，整个体育场黑了。这时候，转播不能停，我什么都看不见，但一直在那儿说，你不知道什么时候才会来电。足球场上，灯光灭了之后要冷却，冷却之后再开需要非常长的时间。一场比赛90分钟时间，那场比赛上半场结束的时候，我已经说了90分钟，另外45分钟就是停电这个突发状况。那时候，什么也看不见，只能凭着对前面比赛的回忆进行分析，包括对于之前所有比赛的数据、球员的特点进行梳理和总结，甚至还要拿着手机发短信，和"家里"的导播联系：比赛不能确定什么时候开始，我们能不能够把这个切回"家里"？你在发短信的时候，话是不能停的。经过不断切换，最终完成沟通，切回"家里"。这边电通了，比赛可以继续了，再打电话回去进行连接。这是转播过程中出现在赛场的小小意外，作为体育解说员，你要能够去应对任何的突发状况。就像赛场上的足球运动员，永远也无法预测下一秒对手会做什么，下一秒队友会做什么。当这一切出现的时候，你要快速地找到最合理的解决方式，去完成你的工作。

三、正确处理述和评的关系

解说中，大家讨论得比较多的是述和评的合理分配，因为广播解说更多的是描述性的语言。我看过一篇分析文章，说在电视解说当中，背景介绍、同步解说、现场评论、留白的配比应该是4∶2∶2∶2。背景介绍，在体育电视解说当中占到40%，如球员资料及一些相应信息。同步解说，只占20%左右，因为电视画面已经交代了太多的比赛信息，不需要主持人和解说员说更多。现场评论，可以达到差不多20%，就是对刚刚发生的技战术和球员动作的点评分析。在电视解说当中非常重要的是留白，一定要留出20%甚至更多的时间，让受众自己去思考、去判断、去解读。但在广播解说当中，别说20%留白，0.1%可能都不行，刚才提到了，5秒钟的空白就要报警，所以广播解说员需要非常大的话语量。

广播解说的述和评的合理分配，我觉得应该是7∶1∶2这个比例。其中，描述性语言占到70%，因为你要把摄像机拍到的画面，通过语言传达给听众。10%是背景介绍，在篮球比赛当中这个比例可能稍微高一点点，当出现死球、暂停、罚球的时候，你可以加入一些背景或评论，而足球比赛、冰球比赛在高速进行的过程中没有什么停顿，没有办法加入更多的背景或点评，只能点到为止，或者说在一个非常特殊的情况下进行重点点评。点评占 20%，主要是和嘉宾配合，当比赛场面比较沉闷的时候，当出现球员受伤、换人、补水等情况的时候，可以适当进行点评。7∶1∶2 这个比例，适合高水平的足球比赛。比如世界杯、欧冠，一场比赛 90 分钟，有球的运行时间在 70% 左右，大约 60 多分钟，这是非常高水平的比赛。中超差一点，可能有球的运行时间在 40 分钟到 50 分钟。如果在一场高水平的足球比赛中，大概 70% 是在比赛高速运转过程当中进行描述，在其他时间，如出现中断、换人等情况，可以加上相应的背景介绍和点评。

梳理一下，解说的空间感和画面感更像我们体育播音当中的一些专业要求，包括你的气息，你的语言表达、吐字发声、语流节奏等，这一点可以从专业角度去锻炼、去磨炼。譬如，站在马路上看着过往的一辆辆车，看着过来的一个个人，可以描述他在哪里，穿着什么样的衣服，有什么样的表情，这是可以练的。过硬的心理素质需要培养，可能每个人的心理承受能力不一样，但总的来说经历得越来越多，承受能力自然而然就提升了。述和评的合理分配，随着时间的推移，这个比例关系也会发生一些变化。

和大家分享两个小视频，一个是《世界杯好声音》，是央视转播世界杯的经典解说剪辑，一个是世界杯期间其他国家的一些解说。第一段视频当中，感觉解说员加入了更多个人的情感，个人的经历，甚至添入了更多和足球无关的因素，更像我们现在不断谈论的新媒体客户端的这种解说方式。第二段视频是现在欧洲、美洲的一种解说方式，单纯从语言表达、情绪表达来看，他们的这种表达方式更像广播解说，更多地把话语信息集中在足球这项运动和技战术分析上。这可能是目前我国解说和欧美一些解说不同的地方吧。这两种解说，受众更喜欢哪一种？哪一种会成为真正能够持续发展下去的解说？可能还要留给时间去检验。

最后和大家共同分享这样一句话，虽然现在广播体育解说已经到了一个影响力不是很大的时代，但就像杰克·富勒曾经说过的一样，“每一种媒介都有自身的优势与劣势，它也会将这些强加在所携带的讯息上。新媒介通常并不会消灭旧媒介，他们只是将旧媒介推到它们具有相对优势的领域”，广播解说未来也许会和新媒体进行融合，进入到一个真正的音频解说的领域。当然，一切还要让时间来验证，时间是检验一切的标准。

四、和受众进行沟通非常重要

赵溪雨：王老师，您在篮球和足球解说方面经验丰富，您在解说工作当中遇到过一些女性解说员吗？

王　异：有，我的一个女同事就解说足球和网球比赛，她也是做广播解说的。在电视解说当中，女性解说员也不少，在我们上学那个年代山东台有个王娣老师。现在女性足球解说员相对少一点，更多集中在一些对抗性没那么强的运动项目或者一些隔网项目。我觉得女孩有先天优势，因为女孩更敏感，情感更细腻。现在解说比赛时，互动性和参与感或者说受众的融入感是非常重要的，有时候女孩子的出现会激发喜欢体育的男性朋友的雄性荷尔蒙。为什么现在新媒体在转播过程当中有主持人、嘉宾，还有一位漂亮的女孩参与，一方面性别更均衡，另外一个就是情感的连接。一个更加柔软的通道，能够让解说、受众和比赛非常好地融合在一起。对于女孩来讲，想要去做足球或者篮球比赛的解说工作，可能比男生难度更大一点。

赵溪雨：是不是女性在生理特征上，比如声音可能更尖细，音调会更高，在解说足篮球这种比较激烈的比赛时给观众的听感不是特别好？今天，您给我们介绍广播解说，强调声音的重要性，我在这方面有些困惑。

王　异：我觉得可以发挥女性的优势，刚才也提到了情感的细腻程度是最重要的。像我同事，她在解说足球比赛时候的风格和我们男的完全不一样，但是大家听她的解说感觉会有一种娓娓道来的感觉。女孩子可以去规避这种快节奏、大音量的解说方式，更多是一种讲述，以一种非常具有亲和力的描述方式去发挥自己的长处。女孩的解说，如果能够娓娓道来，像一个邻家小妹妹一样坐在旁边，对于男性受众是很有吸引力的，毕竟看比赛或者听比赛的男性受众比例非常高。对于女孩来讲，可能最大的难度就是语言的高密度，因为长时间持续高密度输出，对女孩来讲难度比较大，可能需要在平时的训练当中多去练习气息控制，不然很可能在一场 90 分钟比赛的后面 30 分钟说不出话来。一定不能像男生一样去喊，对气息的控制比较重要。

李永熙：老师好，不知道您还记不记得我？ 4 年前，有幸跟您有过一面之缘。我是北京孩子，中考之后去工体观看训练时曾经跟您照过一张合影，我把照片找出来了，因为我一直把您包括魏翊东老师作为我的榜样。我想问一下，您觉得在解说过程当中与球迷进行实时反馈，或者在生活当中与球迷进行沟通和交流，是不是必要？

王　异：这个非常必要，尤其是在生活当中的沟通交流，我觉得比实时转播当中的互动更重要。作为一个解说员，如果永远只是在输出的话，那你也不知道受众对于你输出的内容是否接受。更重要的是，在不断输出的过程中，你还要去调整输出方式，这个方式需要和受众直接进行沟通和交流。在转播之外的交流会更加深入，而且会在非体育比赛的内容层面有更多交流。实时互动可能会针对比赛当中某一个细节的感受，通过弹幕、微信等互动方式发过来，被你看到，这是一个很简单的、停留在表面的互动。如果平时能够和球迷有更多的接触和交流，大家共同探讨足球技战术，也包括沟通的方式和转播的方式，我觉得特别重要。在直播过程中，和球迷互动是节目的构成部分，但不应该成为转播当中主导转播的主要组成部分，它只是一个构成。短时间内的一两句话，没有办法完整表达一个思想，可能更多的是情绪。如果被听众或者受众的情绪带走的话，转播有可能会是失败的。我觉得应该更理性地在实时直播当中梳理互动信息，同时更主动地在平时进行沟通，以便了解受众的真正需求。

图7 合影

人物摄影：崔世鑫

文字整理：吴斯琦　齐雨声　孟潇庆　刘亚平　李　晶　尹素伟　薛文婷

采访时间：2021 年 6 月 9 日

采访地点：北京体育大学北体传媒演播室

魏祺面对面

图 1　魏祺

魏祺，1986 年生，北京广播电视台冬奥纪实频道主持人和解说员，主要解说足球和篮球赛事。2004—2008 年就读于中国传媒大学播音与主持艺术专业；2008 年进入北京电视台体育频道担任主持人和解说员；2015 年到北京体育大学在职攻读体育硕士（运动训练领域）。

魏祺访谈

把兴趣转化成职业是特别好的一件事儿

图 2 访谈现场

访谈嘉宾：魏　祺

访谈师生：李　晶（教师） 苏诗雯（学生） 李月擎（学生）

一、做篮球解说员挺有意思的

李　晶：大家好，今天我们有幸邀请到了著名篮球解说员、北京广播电视台的魏祺老师。魏祺老师现在应该很忙，因为 CBA 赛季已经开始了，您感觉这个赛季有什么不同吗？

魏　祺：今年的 CBA 联赛跟以往最大的不同点在于竞争环境更加激烈，悬念更大，每场比赛的看点会更多，外援水平更高，因为各个球队的投入都在不断提升，比如北京队有外援林书豪，大家会有很多关注的焦点。

苏诗雯：魏老师，我了解到您从小就喜欢打篮球，高中开始接触体育解说这个行业，可以说是一个由动到静的转变。您在这个由动到静的转变中有什么新的想法呢？

魏　祺：这个行业很有意思，把兴趣爱好转化成职业也是特别好的一件事儿。每天的工作看似枯燥，但体育比赛的魅力在于不可预知性，再加上我对体育本身有很强的兴趣，所以通常来说我们每天的工作都非常开心。大家从现在开始接触体育解说，其实要把你们以前的积累，就如你所说的“动”的这个过程进行转化。当你从一个体育的参与者转变为解说席上的亲历者时，这种身份的转变是需要点时间的。我从中学开始就喜欢打篮球，到了大学也打，现在因为工作原因打得少了，但是有时间还会参与，这是我一直以来的兴趣爱好。当你喜欢这项运动，你就会更多地去了解它、关注它，你在比赛当中会发现做篮球解说员挺有意思的，就会慢慢喜欢上这个职业。

李　晶：这是很好的经验和分析，我们学生在各个体育项目都有爱好者，但是怎样从爱好转变为职业？这个转变过程难吗？

魏　祺：你热爱并参与运动的时候，更多研究的是怎么能够发挥得更好，教练给的安排是什么，哪怕业余比赛也是一样的，关心的是怎么能够把优势和特点发挥出来。当你坐到解说席的时候，情况会有所不同。你要通过语言组织和思考，把赛场上发生的一切转化为语言并传达给电视观众，这个过程是比较难的。

二、从2008年欧锦赛做起

李月擎：我们已经大三了，距离毕业也不远了，您在入职方面有什么小故事或经验可以跟我们分享一下吗？

魏　祺：我觉得更多的是一些经验分享。对你们来说，未来的路很宽，平台会越来越广。现在，除了传统媒体，新媒体的发展有目共睹，平台越来越多，选择的机会也越来越多。对你们来说，首先是定位问题，你是想成为一个新媒体的主播，还是想先从广播电视做起？这是一个非常重要的十字路口。选择好道路之后，你的努力方向或者你所要积累的内容和形式是不一样的。反观我们那个时候，没有太多的选择余地，那时候网络媒体刚刚兴起，还处于试水状态。其次就是确定方向，然后朝这个方向努力，抓住每一个细节。机遇和挑战是并存的。你们现在是大三，如果认为东京奥运会是个契机，就要去学习、了解相对熟悉和感兴趣的项目知识、技战术等。通过一两年的积累，出现在更高平台上的可能性是很大的。

李　晶：万事开头难，他们现在还主要是在教室里进行模拟解说，没有解说大赛的经验，您能不能跟我们分享一下第一次走上解说台时的心情？

魏　祺：我今天走进这个教室的时候觉得特别亲切，上大学的时候也是在这种模拟环境下的，那时候都没有这些设备，就是后面有一个简陋背板。在学生时代积累的这些东西，和你真正踏入直播间、摄像机红灯开启的一刹那是完全不同的。大家平时练的是一种准直播的形式，真正的直播对你们来说是一个巨大的挑战。我是 2008 年 6

月从欧锦赛开始做解说的，那时候都是半夜的班，各种脏活累活，全天候待命。每天就在准备资料当中度过，总觉得自己准备的功课还不够，心里不踏实。在直播之前总觉得心里慌慌的，虽然你可能做了充分的准备，但是总觉得好像还落了些什么，还要去查资料。其实你准备的材料，到比赛的时候能用到的可能也就 50% 到 60%，因为比赛最大的魅力是它的过程，这是你事先无法预知的，所以更多时间是跟着比赛走。欧锦赛解说结束之后，领导说，“你考试的时候说的主项是篮球，NBA 马上开始了，你准备一下吧”，这是领导对你的一种肯定。从台里的角度来说，并不是说你来到这儿以后一定要呈现一个多么好的状态，他看中的是你未来发展的潜力。

图 3　2013 年，魏祺在 NBA 总决赛现场

苏诗雯：我是一个 NBA 球迷，我了解到您在 2013 年的时候去现场解说了 NBA 总决赛——热火对马刺，到现场解说总决赛是一种什么样的心情？在现场解说和在演播室解说有什么不一样？

魏　祺：如果有可能或者条件允许的话，我们尽可能地还是要以第一视角去解说比赛，这也是记者包括主持人一个重要的定位。到那之后，你所说的一切，是亲眼看见的，你完全沉浸在那种气氛当中。2013 年那次是台里第一次到现场解说 NBA 总决赛，我说了七场比赛（NBA 总决赛为七场四胜制），逗留时间很长。到了现场，也会有一点发懵，因为和咱们国内的现场氛围完全不一样。那时候，五棵松场馆不像现在这么绚烂，相对来说还比较质朴，NBA 却已经发展到一个非常成熟的状态。到了现场，你会很快融入热烈的气氛当中，会调动你所有的积极性，几乎你每一个细胞都在跳跃。

当然承受的压力也会更大，因为你不仅代表的是自己的电视台，而且代表的是自己的国家，这个时候你对自身的要求和定位会更高一些。毕竟转播的是世界上最好的联赛之一，我们要向大家呈现出可以和比赛媲美的解说水平，所以压力很大。这七场比赛，几乎每场比赛都会打两个半到三个小时，下来之后的第一反应是先扶着墙喘口气，因为脑子是木的。在现场解说，周围山呼海啸，你会很累。有机会，你们去尝试一下。大家要慢慢去找这样一种状态和感觉。

三、要有很好的心理素质

李　晶：关于解说的倾向性问题，您怎么看?

魏　祺：这对我们来说是压力最大的一件事儿。北京媒体和其他地方媒体不太一样，北京是首都，是政治文化中心，但北京电视台又不同于中央电视台，你怎么样去平衡、去找准自己的定位就很重要。在北京，不仅有北京人，还有很多来自全国各地甚至世界各地的体育爱好者。我们最大的难题是，如果你解说的时候更偏向你的主队，可能来自其他地方的球迷就觉得主持人、解说员不公平、不客观，听着不舒服，会有意见；你如果过于公正客观，北京球迷又觉得不高兴、不舒服，手心手背都是肉。目前能够找到的一个平衡点，就是读懂规则。规则是篮球比赛或者任何一项竞技比赛最基础的东西，没有规则，比赛就失去了本质意义。在研究规则、读懂规则的前提下，按照规则来说比赛，大家都挑不出理。与此同时，在自己主队落后、处于被动或者输球的时候，从情绪上、从感情色彩上可以有适度的偏向，我觉得其他各个地方的球迷朋友也能理解和接受。我觉得遵照规则进行客观、公正的解说没有问题，别人挑不出理，特殊情况咱们可以相对往自己主队身上靠一靠，这可能是现阶段能让两方球迷都比较满意的一个平衡点。

李　晶：当前，媒体环境发生了巨大变化，平台越来越多元，您觉得对于体育解说员的素质要求、职业定位有没有变化?

魏　祺：有的，还是刚才说的定位问题。现在是多元化的媒体时代，大家对于每一个解说员有不同的评价，侧重点和关注点也不一样。比如现在年轻人看 NBA 的主要渠道，我相信是通过移动终端，比如手机或平板电脑。网络是很多元化的，有助于体育比赛大范围传播，这是非常强大的传播形式，因为它不受地域的限制、不受时间的限制，观众可以随时随地收看想看的内容。而且体育比赛不是只有一场，可挑选的余地很大，从这个角度来说，我觉得网络的出现给体育转播提供了非常强大的动能。但是大家对网络主播也是褒贬不一的，有的觉得很接地气，跟大家能聊到一块儿去，有的觉得过于随意，和我们印象当中传统解说员的风格不太一样。我有很多朋友，他们第一时间就想去网络平台，有一个好处是红得快。我觉得要辩证地看，现在的媒体环境竞争压力很大。我们那会儿也一样，无论在电视行业还是广播行业，都需要一个循序渐进的过程，不可能干两三年就不干了。解说需要日积月累。

苏诗雯：现在的媒体格局在变，解说员的人才构成也有很大不同，譬如涌现了很多优秀的女性解说员。在我印象当中，很多观众会对女性解说员存在一种偏见，觉得女性解说员只能解说花样滑冰、艺术体操这样偏柔和的项目，但我和身边很多女同学也喜欢足球、篮球、排球这种对抗性项目，您有什么建议给我们呢？

魏　祺：现在在传统媒体中亮相的女解说员已经很多，比如陈滢她们都在做适合自己的项目和工作。我觉得女性有女性的优势，以前大家对体育解说员这个行业有一种先入为主的感觉，比如像张之老师、宋世雄老师、孙正平老师、张卫平老师，他们都是男性，这导致大家可能会有一种刻板印象。其实在国外很早就有女性评论员了。女性看待比赛的视角和表达的方式，包括情感的投入是不一样的。我觉得你们有你们的优势，比如说花滑这种项目。其实现在各项目面向女解说员的大门已经完全打开了，足球、篮球、排球也不是没有女性解说的，而且女性相对感性的一面展现得会更多。现在体育广播解说领域也有女性，基础的东西其实没有太多的变化，你们最大的优势就是女性视角。看比赛时，男性观众看的是比赛的过程，女性观众看的是明星大腕儿，你们会更了解女生看球的切入点，可能更能把握住女性的心理状态，这是你们的优势。我觉得女性解说比赛跟男性最大的区别就是你们抓住观众心理的能力更强。现在，很多美女主播出现了，对比赛内涵有一定研究的观众会觉得她可能就是一个花瓶，缺乏对比赛内容的了解和积累。但如果以你们的聪明才智，再加上你们的形象，真正有机会做到一定高度的时候，这种复合型人才是观众慢慢能够接受的。

李　晶：业界和学界一直在讨论女性解说员，女性其实是有优势的，就像您说的更感性，以及观察细节的能力更强等。

李月擎：比如说 NBA 比赛当中球员穿的鞋子这种细节，女性可能会更容易抓住，第一节穿一双蓝色的鞋，第二节换其他配色的鞋，再比如说一些场边的小故事，女生会更容易关注到这些细节。

李　晶：这些学生已经大三了，明年就面临着实习、就业，您对他们有什么样的期待？

魏　祺：到这个阶段，要成为解说员的话，要对自己有高要求。你不光要懂这个项目，还要能够搭建起你和球迷、嘉宾之间的一座桥梁。你们已经大三了，基础的东西已经有一些储备，这个时候就要认准方向，在选择实习机会和工作单位的时候，定位要准确。孰优孰劣很难讲，适合自己就好。北京冬奥会、东京奥运会，有条件的话要多看多了解。据我所知，在我们这个行当里真正能够读懂冬奥项目的人不多，对你们来说是一个很好的机遇。看你们自己用功的程度，如果找准方向、定位的话，我期待在2022年看到你们的身影。

李月擎：网络发展不光给观众带来一些收视上的体验，对解说员的要求也更高了，我们能够很快得到观众的反馈，同时要跟球迷有良性互动。有观众反映，魏老师一说，首钢就输球，对这类问题，您怎么看？

魏　祺：网络上的球迷特有意思，球队赢的时候不提你，输了就开始提你，其实人家是喜欢你，拿你做一个出口解解气，我觉得挺好的，说明人家关注你了。说实话，刚入行那会儿，心里有一个坎儿，辛辛苦苦做了这么多准备工作，比赛输了，怎么能赖我呢？劈头盖脸地，网上好多人@你，这就要求我们得有很好的心理素质和抗压能力。马重阳老师曾跟我说，你不要看那个，任何事物都有一个适应过程，这球赢了，怎么看你都顺眼，这球输了，你又是一个新人，都冲着你撒气。其实都是玩笑话，谁也没有说真的对你怎么样，就是一种发泄，现场有现场发泄的方式，网络有网络发泄的方式。网络语言就是那样，你不用太在意。当时可能无法接受，过了这个时间段就好了，大家对你的反感或者对你的生疏感慢慢会消失，慢慢地就适应你了，这是一个磨合的过程。

图4　访谈现场

张家伟：魏老师，您主项是说篮球，但也说足球，包括一些其他项目甚至冷门项目。其他项目是后来接触的呢？还是同步发展的呢？

魏　祺：很难都成为兴趣爱好，平时工作的节奏很快，三十而立之后家里的压力也不小。我们的解说项目和解说任务是根据每一年购买的版权进行分配的。我们会了解到明年会有哪些赛事，然后凑在一起进行分工，不可能每一个人都面面俱到，这很难。观众现在要求都高了，平铺直叙地讲，观众很难接受，所以要稍微精细化一些，这就需要大家把项目分类。像冬奥会，大家可以先选几个比较喜欢的，然后再慢慢研究。如果碰到一个生疏的项目，有的时候甚至距离比赛时间不到24小时，怎么解说？只能先把这个项目的规则读懂，这是最重要的。然后整理运动员名单，对一些重点运动员的比赛成绩做一些梳理。技战术方面，需要设计一些问题，然后像普通观众一样提给现场嘉宾，让他去讲。如果你自己讲，一是有难度，而且不一定能讲清楚，不利于大家更好地认知比赛。对于一些不熟悉的项目，解说员更多地起到一个串联作用。

魏祺授课

客观把握赛事解说的公正公平原则

图 5　授课现场

我也是北体人，我本科是在中国传媒大学读的播音与主持艺术专业，硕士是在北体读的。我平时解说篮球比赛，但发现对比赛项目的熟知程度与专业出身的运动员、教练员相比还有很大差异，所以来咱们学校进修。

今天跟大家交流的话题，是如何客观地把握比赛解说的公正和公平原则。

一、不凌驾于规则之上

作为体育赛事转播中最重要的一环，体育解说评论员在传播过程中发挥着举足轻重的作用。尤其是富于地域色彩的职业联赛，主队的解说评论工作更为重要，且难以把握。由此衍生的问题就是如何更好地为观众服务，既不违背体育规则，不凌驾于规则之上，又能够接地气，从家乡球迷的心理变化出发，让他们在感情和情绪上得到满足。

作为一名体育传媒从业者，解说员、评论员显然要有立场、有信仰、有危机意识。作为地方媒体的体育评论员，感情上适度倾斜是完全可以的，毕竟播出平台和大部分受众是有目标性的；但体育比赛有自身的规律和原则，即便带有一定的感情色彩，也要把握客观、公正、公平原则。二者是不矛盾的，是相辅相成的。这样做的意义在于，媒体有义务和责任正确地引导受众去看待比赛过程和结果。

在之前的访谈节目中，我们讲过体育比赛当中最重要的是什么，是规则。任何一件事情，你不按照规则去讲述和描述，它就失去了基本的价值和意义。篮球比赛也是这样，每一年的篮球比赛，包括 NBA 和 CBA 的比赛，都会有一些新的规则产生。如果大家关注比赛直播就会发现比赛的时长在增加，为什么？因为今年的联赛增加了回看环节，增加了教练挑战的规则，包括在处罚方面也有很多新的规则。作为解说员，你首先要把规则读懂，还要把规则更好地用语言转达给观众，这是我们需要履行的义务和责任。规则是没有感情的，它就摆在那里，你改变不了它。但作为地方媒体或者地域性的媒体，比如我们在转播中国队比赛的时候，在情感上可以适度倾斜。倾斜到什么程度？很难用语言去下定义，但在比赛当中，在尊重规则的同时，让自己的情感融入家乡球队，是大家能够理解的。比如，家乡球队领先的时候，我们的状态、我们的激情，包括我们在现场所看到的一切和我们愉悦的心情，都是相辅相成的。如果球队遇到困难了，处在落后或者被动的时候，甚至输球了，要有一个明确的评价，我们为什么输球？我们输在哪里？我们需要总结哪些问题？这是观众特别需要听到的，哪怕是我们家乡的球迷。在评价过程中，你可以夹杂一些情绪，比如说感觉很遗憾。你可能会有一种表达的方式，当然每个人表达的方式不一样。

随着现代职业体育城市化的深入，各个省市和地区的多支球队都拥有着庞大的支持群体，无论什么项目，凡是以地方俱乐部形式或概念出现的，就会有丰富的地域感情色彩和顽强的生命力。

球迷朋友会自觉地想把它维护好，像对待家人一样给予无微不至的关心、呵护，甚至无论胜负得失，都会一如既往地拥护和支持。在大家看来，这些球队是烙有家乡印记的，是一张城市的名片，是一个活生生的客观存在的载体；在情感上更是一种深深的寄托，大家都真心地希望它茁壮成长，给城市带来无尽的快乐和荣誉。但这样的思想和状态只能停留在一个球迷身份范畴内，一个普通观众层面上。

当你在媒体从业者岗位的时候，很多东西会发生根本性的改变，最重要的一点是感情和工作不可混为一谈。无论你是记者、主持人、解说员，还是评论员，在报道、解说、评论和分析家乡球队场上场下若干细节时，都要拿捏好尺度和分寸，处理不当就会感情用事，不够理性客观，导致过度偏袒主队一方。

北京的三大球大概从 2010 年之后就走进了一个新的时代。譬如，2011—2012 赛季，首钢篮球队拿到了第一个 CBA 联赛总冠军，那时候也出现了“马政委”（马布里）。大家对于北京这座城市、对于马布里有很多期待和热情。现在又有北控篮球队出现，老马又到那儿当了主教练。对于这两支北京队，北京球迷有不同的感情，这对我们来说是一个两难的抉择。应该更侧重哪一方呢？有的人可能是马布里的粉丝，北京首钢队则是很多北京球迷心中的根，是北京的一张名片。我记得一件特别有意思的事儿：我们在美国采访NBA球迷，看到一个老太太在门口买票，就采访了她，她80多了，颤颤巍巍地说，我没有听说过洛杉矶快船队，我只知道洛杉矶湖人队。这些老球迷可以接受在一个城市当中有不同的球队出现，但在他们的心中只有一支支持的球队。对我们来说这是非常难的一件事儿，因为你在解说这两支球队的时候，情感不能偏向于一方。如何解决这个问题呢？核心只有一个，就是要读懂规则，并按照规则来。没有规矩不成方圆，任何球迷在关注你的解说的时候，如果你非常严谨地按照规则来解读，大家是可以理解的。哪怕他认为你的语言不够丰富，或者觉得你的情感投入不够，但至少认为你是一个合格的解说员。

二、主队解说工作中存在的问题

图6　魏祺在现场解说

接下来谈谈主队解说工作当中存在的突出问题。

一种是部分网络媒体解说员“无底线”。网络解说员的语言环境，包括他们的受众群、解说方式、现场设置等，有很多新奇的地方。我不强调哪一方好、哪一方不好，我强调的是对大家未来成长有帮助的方面。在网络平台解说，大家可以多元化，但基础的东西不能丢。如果你将来有机会去一家网络媒体，依旧还要按照专业解说员的基本标准和素质来要求自己。你可能会迎合观众说一些网络语言，甚至有一些夸张的演技，但是要有框架，框架也是规则。比赛里，咱们要解读规则，对自身也要有规则。

另一种是一些地方媒体（包括传统媒体）的解说有“护短”的现象，体现在对自己支持的球队的“保护”超乎想象，只要比赛赢了，怎么都对，裁判怎么吹罚都对；只要比赛打得不舒服，就说裁判吹的都是黑哨、对手太脏了等，全是对方的原因，这不好。在全国的体育解说员行列中，过度拥护和吹捧家乡俱乐部的不在少数。大家并非不懂规则、不懂判罚尺度，但往往在解说评论过程中出于“保护”自己球队和球迷感情甚至自身利益的目的，“违心”“从众”地做出一些评论和分析，这对于一个职业媒体工作者来说是不可取的。要知道，解说员的观点可能会直接影响球迷的认知，吹捧时间久了，理性的东西会越来越少，过多感性的东西会充斥在球迷的脑海中，导致他们对比赛失去原有的判断和解读，进而出现尴尬局面：赢球是因为球队发挥出色，输球是因为裁判不公、对手动作不干净、运气差等客观原因。吹捧式解说的确在一定程度上给予了部分球迷精神上的“支持”：无论输赢，至少在观看的时候得到了心理上的满足，获得了些许安慰。但从对球迷和球队负责的角度上讲，从公正、公平、客观的原则来讲，过多吹捧是不合适的。当你坐在主播台上开始解说创作的时候，你的角色就不简简单单是普通球迷了，立场客观、态度公正、持论公允是体育解说评论的基础原则，不可动摇。当然，作为地方台的主持人、解说员，在感情上适度加以倾斜，在合理的范畴内为主队的进球呐喊，为主队的失利表示遗憾是可以的。

我们这个职业是跟受众打交道、做交流的，是有导向性的。导向性，要时刻记在心里，因为我们说出的每一句话不是代表我们自己，代表的是媒体平台，代表的是观众。因为你引领大家去关注比赛当中的每一个细节，你的一句话可能会误导大家对于比赛的判断。虽然说现在球迷段位很高，但是我们的主人翁角色千万不能丢。

解决上述问题的根本，是回到规则。读懂规则是每一个体育主持人、体育解说员最重要的核心，就像每天备稿一样。平日里，你需要进行广义的备稿，每天早上打开电脑，看一看全世界范围内你可以或者有必要了解的体育信息，这是平日的积累。经过长时间积累，你在遇到某个突发事件的时候不至于束手无策。另外就是狭义的备稿，比如今天晚上我要去五棵松体育馆转播第三轮的北京首钢队的比赛，我至少要对过去两轮比赛有一个了解，对新赛季大概走势有一个判断，还要重点研究对手。因为一直跟随自己家乡的球队去转播，很了解我们自己的情况，那么对手的情况怎么样？你可能一个赛季下来就看两场对方的比赛，但是你要做的功课显然要更多。可以问问朋友，也可以通过记者的前沿视角去了解情况，一定要了解得比球迷更多。对我们来说，最大的压力是在网络时代下你知道的别人都知道，别人知道的你可能不知道。我们的优势在于别人虽然知道，可他不一定能说明白；别人能说明白的，咱们能说得更明白。还是回到根源：读懂规则。有球迷懂球，但他毕竟是球迷，金字塔塔尖上需要一些真正能够引领他们更好地、更细化地、更高层次地去理解比赛的人。我们要朝塔尖努力，从众心态是千万不能有的。

图 7　魏祺在演播室解说

对解说员来说，机遇和挑战是始终并存的。如果你到国外去转播比赛，也会遇到这种问题。咱们看的是老外的比赛，跟自家没有直接关系，但现在国内的 NBA 球迷非常多，支持的球队也是五花八门，情况很复杂。网络时代是一种虚拟在场的状态，他说你是不用负责任的，但是你不用往心里去。我体会过，往心里去是很难受的一件事儿。解说家乡队，可以有情感上的倾斜，如果两支队跟你没有直接关系，怎么办？还是要遵照规则。

NBA 有 NBA 的规则，CBA 有 CBA 的规则，但篮球的规则是一样的，只不过细节上有变化，要把功课做在前面。另外，在比赛当中的情感状态，还与现场和演播室的环境不同有关。如果有机会去现场解说比赛，大家会感受到这种非常亢奋的状态，有的时候你不能自拔，你感觉自己深陷其中了，甚至是场上的一分子了，这是非常正常的。当你融入现场情绪当中的时候，怎样去更好地控制自己？这是现场解说当中一个特别重要的话题，很难把握，因为你看得很激动，热血沸腾，血脉贲张，感觉自己是比赛当中一个活生生的角色。此时，你怎么能够把握好度，既能够让大家感受到现场的氛围，又能够让坐在家里观看比赛的观众没有那么躁动。这很难，他在家里感受不到现场的氛围，他说你在那狂喊狂叫地干什么，他理解不了。有的年轻球迷觉得现场就应该有氛围，甚至把家里的电视声音调得很大，把手机、iPad 的声音调得很大。在播出环境当中，它是有上限要求的，你的声音即便再大，也需要和现场去调和，调整出一个相对让人听起来比较舒适的声音状态。大家可以去体会，当你在现场解说的时候，怎么能够让在家里看球的人既感受到现场气氛，还听着舒服。

我特别提倡到现场、到一线去解说比赛，为什么这么讲？作为解说员或主持人，我们和记者的工作不一样。随队记者非常辛苦，天天跟着一个项目，跟着一支球队，几乎365天不间断，所以他对球队非常熟悉，比我们懂得更多，了解得更多，包括每一个运动员的状态、大家的心情，他都很清楚。作为主持人、解说员，我们不可能像记者一样每天都投身于一线，这不现实，因为我们有自己的工作安排。

如果有条件、有机会的话，大家还是要去第一现场。第一现场对媒体人特别重要，只有身临其境，你才能给大家讲出生动的故事，否则都是道听途说，或者只能讲别人嚼碎的东西。在现场解说，你要了解更多的一手信息。第一，要了解现场观众的所思所想。赛前，大家对比赛有很多的关注和预判，这些都要融入解说当中。球迷现在段位很高，你既然在现场，就要把现场的内容更好地呈现给那些看不到现场、到不了现场的观众。第二，要了解球队，最重要的是要熟悉参赛的球员和教练员。我不敢说全像微信朋友一样每天能够畅谈，但至少要成为一个在正常工作范畴之内的合作者。比如，比赛前可以跟教练沟通，教练不会跟你说得太细，因为里面涉及一些机密，但球迷如果能了解这场比赛的大概思路，会觉得你很专业、很认真、很投入。第三，让观众感受到解说员角色的重要性。另外，你要去了解球员的情况，比如今天可能谁有伤不能上，谁可能红、黄牌停赛，为什么？包括谁来不来现场、最近人员怎么流动、对手的情况如何等。对手情况通常只能在第一现场才有可能了解。我的习惯是提前两三个小时到达现场，按要求是提前一小时来备播，包括调适耳机、麦克风和灯光、摄像机的机位等。运动员的训练时间、赛前热身都在开赛前两小时左右，这是你跟他们交流的最佳时刻，也是现场解说的优势。

下面讲一讲舆论导向。对我们这些传统媒体的工作人员来说，现在最大的压力来自网络，网络转播不光是对我们赛事版权的冲击，对比赛播出内容的冲击，对主持人、解说员的冲击也非常大。当我们去网络平台做节目的时候，会感觉有点力不从心，因为面对的受众群完全不一样，工作的环境和状态也不一样。但不论在什么平台，都要把握好舆论导向。作为体育解说员，舆论导向是一个重要的基石，是第一位的，就像一场篮球比赛一样，场上五个人中一定有一个组织后卫，所有人都需要他给串联起来，这一点特别重要。

网络的舆论环境纷繁复杂，一定要做好舆论导向。网络平台上的解说员形形色色，很多不是从专业学校出来的，可能是通过个人直播平台或者通过网络选秀节目等一夜走红的选手。网络平台的门槛会稍低一些，但舆论导向是至关重要的。新媒体这些年也在吸收一些有电视经验的人跟他们一块儿进行前沿探索。有些网络解说员不是专业出身，甚至都没有真正了解过这个行业，未必会想到舆论导向跟自己有什么关系。这几年网络解说出现了一些事故，这与解说员的素养有关，但归根结底还是导向问题。对于一些现象，你有没有立场，有没有敏感性？为什么会出这样那样的问题？有时候，我们跟他们也会有一些交流，并不是说他们没有这根弦儿，是他们认为自己说的东西可能跟我们这条线无关，这是他们不明确、不明白的地方，这是很可怕的。他认为自己没有越线，而最后的结果是可能越过了我们所说的规则和底线，这是网络解说比较突出的一个问题。有问题，怎么办？还是读懂规则。对解说员来说，规则就是导向。

将来选方向的时候，我更倾向于大家先去传统媒体学习和实践。在打基础的时候，谁都愿意一炮而红，收获几百万的粉丝，但这要一步一步来。我年龄比你们大一些，可能相对传统，我觉得还是一步一步、脚踏实地地让自己成长起来是比较好的。在国外，真正能坐上主播台的都是五六十岁的人，他们都是从普通的编辑、记者做起的，他们三四十岁时可能会成为这一档栏目或者一场比赛的制片人，再往后才可能坐到主播台上。我们正好相反。大家会发现，如果去网络平台工作的话可能很快就能被大家所熟知，但也可能很快会被人遗忘。在这样的平台上，每天都会有新人出现，每天都会让大家感到新鲜，你怎么能够让观众在日新月异的变化当中、在茫茫人海中记住你？这是新媒体主持人面临的问题。你如果要长久立足，就要突出自己的差异化和优势。虽然是在网络崛起的环境中做主持人、解说员，但是根基要更扎实、更突出，同时还要有自己的个性，这是新媒体主持人需要去完善的一点。

三、对这个行业要有敬畏之心

在赛事解说中，解说员和评论员是有分工的。解说员更多是叙述比赛内容，对嘉宾提出相应问题，在专业人士和球迷之间搭建桥梁。评论员大致分成两类：资深媒体人和退役的运动员、教练员。在和不同类型的嘉宾进行沟通交流时，讨论和提问的方向是有区别的。当我们作为解说员或主播和不同搭档一起解说、评论赛事的时候，要考虑如何更好地挖掘资源、丰富内容、提高品质。就像播音行业的一句老话：有稿播音，锦上添花；无稿播音，出口成章。把案头工作做到家，加上清晰的即兴表达，才能把生动有趣又不乏知识底蕴的解说内容带给广大受众。

有运动员和教练员背景的评论员，优势在于可以更加透彻地分析技术和战术，让大家更好地了解比赛本身。他们需要解决的问题在于语言表达、镜头感，以及跟观众的交流。与好的嘉宾合作是特别难得的，大家将来如果能够碰到一个好嘉宾，一定要把他当作朋友来处，一方面能从他身上学到很多东西，另一方面能把自己从事的行业讲明白的人一定是情商非常高的人。运动员或教练员出身的人最大瓶颈就在这儿，他看比赛看得很清楚，但讲得未必清楚。怎么能让观众听得懂，是运动员、教练员出身的评论员最头疼的问题。作为解说员，你要了解项目，同时做好桥梁工作，让嘉宾讲得清楚。你还要向嘉宾学习，一个人解说的时候既要当解说员又要当评论员，这时候就需要用到平日的积累和知识储备。

资深媒体人对比赛队伍的特点、文化、历史等内容如数家珍，可以为球迷朋友提供帮助，让大家在关注比赛的同时获取知识。比如，徐济成老师、杨毅老师等都是做记者出身的。徐老师是国内第一批报道 NBA 的记者，20 世纪八九十年代去美国现场报道的机会很少，他每天都在做翻译工作。插一句，外语特别重要，现在赛事转播水平提高，很多公共信号的内容，包括现场的采访等，都需要外语功底。徐老师跟我讲过一句话，让我到现在都觉得受益匪浅，他说，体育解说员要有一个清晰的定位，我们是给大家做服务的，千万不要凌驾于他人之上，说我要比球迷强、我要比谁强等。有这样的心态，才能够脚踏实地把自己的工作做好，才能对得起自己、对得起观众。

从这两种类型的评论员、解说员身上，我们能学到什么？这是一个不折不扣的积累过程。大家每天都要翻阅不同的报道内容，了解全世界范围内你关注的运动项目领域的突发事件，不能有空缺。大家都很年轻，一定要写东西。大家平时解说比赛，查查资料，做做功课，稍微总结总结，可能就过去了。我的习惯是把对比赛做的准备写下来，写下来的东西不容易忘，而且运用得更灵活、更准确。写东西也能够帮你理清思路，有助于你在解说当中把语言的描述和表达做得更好。大家一定要多读、多写、多琢磨，把基础打好，把导向任务做好。既然坐在主播台上，就要对得起观众，对得起自己。对这个行业要有一种敬畏之心，不光是尊重，还要敬畏。

图 8　合影

人物摄影：刘颖健

文字整理：苏诗雯　李月擎　孟潇庆　李　晶　尹素伟　薛文婷

采访时间：2019 年 11 月 8 日

采访地点：北京体育大学新闻与传播学院虚拟演播室

王子星面对面

图 1　王子星

王子星，1989 年生，腾讯体育解说员、主持人。2015 年获得中国传媒大学广播电视专业硕士学位（播音与主持艺术方向）；2015 年开始在腾讯解说赛事。主要解说 NBA、NFL 以及腾讯拥有版权的其他体育赛事。主持《超新星全运会》《超级企鹅篮球名人赛》等节目。

王子星访谈

解说很多时候是在替观众抒发情绪

图 2　访谈现场

访谈嘉宾：王子星

访谈师生：郑珊珊（教师）　孙宁智（学生）　刘乘源（学生）

一、确实很喜欢解说这个行业

郑珊珊：大家好，我们今天非常荣幸地邀请到了腾讯体育的著名解说员王子星老师，欢迎您！

王子星：这个场景我很熟悉，2018 年我在印度尼西亚雅加达亚运会做采访的时候，就有一个颜色相同的蓝沙发。

孙宁智：谢谢王老师，我特别好奇您是如何走上解说道路的，是因为您从小就非常喜欢体育解说吗？

王子星：很多人都问过这个问题，我每次都会说，这其实是一个运气非常好的经历。我本科不是在播音系，当时学的新闻学。不过我确实很喜欢解说这个行业，因为从小成长在国家体育总局的环境中，经常接触体育的内容，也很喜欢去做体育的内容，我爸妈也是做体育相关工作的。本科毕业后我选择了考研，顺利读研之后就开始寻找这方面的机会。那时候有一个平台在招人，我就很顺利地进来了，主要做一些播报、配音工作，包括解说，我一开始是说足球的。尽管当时平台处于蓬勃发展的阶段，但我觉得那个平台可能会出现一些问题，“君子不立危墙之下”，我就打算换个地方。恰好重庆卫视在找 NBA 的解说，想找个男孩顶两场，之后找到了我。说了两场之后，他们发现我好像还不错，问我能不能说到赛季结束，接着我就开始了在北京和重庆之间往返的解说工作。这时候，恰好现在我所在的平台——腾讯——刚刚签下 NBA 的独家版权，他们在找主持人，又恰好看到重庆卫视有一个新人出现，于是询问我有没有兴趣。那时候我形象还不错，现在真的是老了，头发都少了。他们想用新人，毕竟是新平台，于是就联系了我。恰好我也投了简历，腾讯那边说，“既然你投了简历，就来跟领导聊一聊”。聊了一次之后，双方都很满意。我就很顺利地在 2015 年成为腾讯的一名 NBA 解说，一直做到现在。今年正好是我入行的第五年。

二、敢于迈出第一步

图 3　访谈现场

孙宁智：王老师，您的经历非常丰富，从乐视到重庆卫视再到腾讯，您在解说成长的过程中有没有非常艰难的一步，如果有的话，是如何跨过的？

王子星：不知道大家怎么想，我始终觉得最难的一步是迈出去。我到现在都记得，我在之前的平台第一次解说的是刚果布拉柴维尔对阵刚果金的一场非洲杯足球赛，首先，我对足球不是那么了解；其次，这两个队加在一起，我只认识一个人。非洲杯的资料也很难找，当时我刚入行，不知道去哪儿找。一开始我找到了一家网站，它是一家法国媒体，因为法国对非洲的报道可能会多一些，但里面都是法文报道，让我一头雾水。之后我又在互联网、微博上找有没有相关的“大神”，幸运的是找到了一个专门做非洲足球的媒体号。然后，我们加了微信，我要了很多资料，英文的、中文的都有。后来我又找了很多其他网站，拼凑出一套资料，这才把那场球说下来。这场解说让我意识到其实准备一场比赛是很艰难的，要找资料没有那么容易，但并不是找不到。

我后来又说过很多球，比如韩国联赛、日本联赛，日本联赛的很多资料是日文的，我那时候其实也不太会，但是可以学。这些经历告诉我一件事：当你得到一个机会，虽然这个机会没有那么好驾驭，但是当你有机会去尝试的时候，不要轻易说我干不了。害怕和紧张是正常的，但是一定不要先跟自己说我做不了这个工作。先去尝试一下，如果还不错，就可以继续做，如果做得确实不太好，也很正常。大部分人在第一次面对工作的时候，都会手忙脚乱，这很正常，但是一定要有信心，别人既然愿意把这事交给我，那就去干。大家如果以后真的走上这个工作岗位，你会意识到一点：你的一言一行可能会被很多人关注，被很多人熟知。不管是内部交流还是外部交流，你要保证一件事，那就是你传递的信息至少是真实的，真实的信息很多时候不怕被传播出去，这是很重要的。

刘乘源：刚才您提到了背景资料，很多同学也很好奇解说员的幕后工作到底是什么样的，您准备资料的过程大概是什么样的？

王子星：我下周一要说一场 NFL 的比赛，很多职业联赛会提供详尽的比赛数据，就是 media book（媒体手册），特别是像 NFL 这种，我个人认为它是全球最专业的职业联盟。它会在每场比赛之前发给相关人士很详尽的数据，包括核心球员的一些历史数据等，当然是英语的，这毕竟是美国的比赛，所以学好外语是基础。入行之后，这些资料对我们来说是非常重要的，但这只是一个基础，资料可能很多人都能够得到，但这些资料以外的东西，就需要通过一些更专业的网站以及通过自己平时的积累才能得到。

这个黄色的本子是我自己的，我会把每场 NBA 比赛中一些我感兴趣的数据写下来。我们的比赛安排比较随机，比如今天我说了一场湖人的比赛，可能下一场就是 5 天之后甚至可能更久，中间会有一个时间跨度，那我在解说这支球队比赛的时候，就要对一些数据进行计算。有的数据在互联网上会有很多分析，但有的东西可能是你自己比较关注的，就要自己去算。

资料，一方面源于官方的真实数据，另一方面源于自己平时的积累。积累会有个人的偏好，我比较偏重于收集某些数据，这其实是个人选择。但是如果要做这行，掌握一手的真实数据是非常重要的。

郑珊珊：像足球、篮球这种速度快、对抗性比较强的比赛，解说员可能比较激动，也容易出现破音或者声音偏高甚至大喊的情形。对于这种情况，受众可能褒贬不一，您怎么看待这个问题？

王子星：这跟个人性格有关系，有的解说员可能比较容易激动，遇到一个好球时情绪会突然上去，就像您提到的喊破音或者出现其他情绪，我觉得这是个人偏好。用户褒贬不一，我觉得很正常，没有一个行业——特别是“吃张口饭”的行业——可以获得绝大部分人的满意，这个很难，这是“各花入各眼”的问题。

就我个人来说，我不是一个容易产生极大情绪波动的人，我能保证每场比赛的情绪都在80分到85分这个状态，但我很难达到90分以上，或者说我很难一下到达95分，这需要一个极强的刺激才可以。但是如果我意识到或者说我预判到这场比赛有可能让我的情绪到95分，我会做一个铺垫。比如，我预测一场篮球比赛可能会出现绝杀，因为最后1分钟分差在5分以内，这就很容易出现绝杀，或者很容易出现最后时刻的关键球。这个时候就需要铺垫了，你要用自己的解说、自己的语气、自己的内容，让观众进入你的情绪里面，甚至让观众跟你一起喊，否则观众会觉得你喊得很突兀。你要引导观众，不能突然一下子情绪爆发，观众如果说，“怎么了？这哥们干吗呢？”这是不行的，你要让观众跟你的情绪保持一致。我觉得体育解说是一个“情绪化”的工作，因为你要让观众的情绪跟你一起走，跟着比赛走。如果比赛打得很无聊，你就轻松一点，带一点调侃；如果比赛很紧张，你就不要开玩笑，要专注于比赛本身。

解说员最好做到“我既要说出来你懂的，也要替你说出你表达不出来的”。解说很多时候是在替观众抒发情绪，我觉得这个是很重要的。

三、处理好球迷和解说的身份

刘乘源：有一个困扰我很久的问题，作为威少（拉塞尔·威斯布鲁克，NBA球员）的球迷，我一说威少的比赛就会把防守、进攻等重点都放在他身上。您怎么去处理这种问题？

王子星：我觉得很正常。等说到足够多比赛的时候，你就不会这样了。我之前算了一下，今年正好是我到腾讯的第5年，我平均每年做大概200—300场直播，前几年可能工作量会更大一些，今年受疫情影响大概直播200场左右。一开始，我也会将关注点放在某一个人或某一两个人身上，这非常正常，特别是对于那些核心球员，你本身就应该更多地分析他们。当你意识到自己过多地关注或者你的侧重点太偏向于某一个人的时候，你就要进入下一个阶段了，你要开始从解读比赛慢慢向情绪影响这个层面去努力。当你说得足够多，你解说的频率足够快、足够密的时候，你慢慢地就会有不一样的看法。这个需要时间去检验，不是可以刻意避免的问题。坦白讲，今年是我解说的第 5 年，我之前解说比赛的时候，可能会有一点点紧张，或者有一点点的不确定性，现在完全没有了。这种感觉，我也说不清是不是好事儿。但真实情况是，你现在看一场比赛的角度和方法绝对不一样了。大家应该学过《庖丁解牛》，当你做得足够多的时候，那头牛在你心里就不是一头完整的牛了，它是由各个部分组成的。现在我看比赛也一样，它就是由一个回合一个回合、一个阶段一个阶段组成的。到那个时候，你心里的威少就只是那个环节的一个球员，而不是你热爱的一个球星。场下，你还是他的球迷，但在场上，他就是环节中的一个球员。如果现在想去避免这个问题的话，你可以这样做：比如在威少打得好或者不好的时候，你刻意地去提一下，人往往会在刻意的时候把情绪收一些，你不会那么夸张地去表达你的喜爱或厌恶。我觉得你需要靠积累去找这个节奏，这真不是一两场比赛可以做到的，这需要时间。

举一个例子，大家看NFL可能不是很多，在NFL的比赛里，会有你很喜欢的球员，也会有你很关注的球队。如果我今天恰好说的是我的主队的比赛，一开始我真的会把注意力放在我喜欢的某一两个球员身上，当他们接触球时，我会有那种发自球迷内心的情绪抒发出来，如果他们一个球没打好，我的语气和平时是不一样的。有一次我突然意识到这个问题了，发现自己的解说怎么听起来不太一样。我就跟搭档说，“如果一会儿大比分领先我开始‘飘’了，或者大比分落后我开始表现出一些厌恶情绪的时候，观众是看不到我的表情的，你就直接说破，我百分之百能圆回来”。一两次之后，你会发现这个过渡很完整，而且大家会开始期待你说自己主队的比赛，“我们想听听王子星今天解说是夸还是喷”。这很有意思，这会成为你的一个风格，但是一定要在开始做一些刻意的安排，那个安排会变得很有趣。我印象很深的是去年的那场关键的分区决赛，正好是我的主队跟另外一个队在打。还是同样的套路，因为主队赢了就能晋级“超级碗”，而且大家知道我会去前方，等于说我会去现场看到我支持的主队打决赛，这个事儿是很令人期待的。就好像你知道威少要进总决赛一样，你会很期待这件事情的发生。那天上班，我很兴奋，是穿着主队的球衣去的，整个人很亢奋。我跟搭档老师说：“一会儿万一我们领先了，记得要说破这件事。”就是这样，在比赛当中一个比较合适的节奏点上，你会通过这个情绪让自己关注一下：我在直播，我在工作，我要把注意力放在比赛本身。所以说，嘉宾的功能很重要。这也算一个小技巧，有一个好的队友真的很重要。

刘乘源：我还有很多实操性的问题，比如我在说球的时候经常是“好球”，或者是“啊，球进了”，感觉表述很单调，怎么去丰富一下自己的解说话语？

王子星：NBA 节奏非常快，攻防转换之间你可能真的只顾得上说“好球”“哎呀，这球没进”和“好漂亮”，这很正常。关键是在这一段情绪之后，比如说一个连续的攻防回合打得非常激烈，“啪”停了，你就不能再说“好球”了，比如两三个回合之后他要了一个暂停，或者球队一段时间内没有进球，这种情况下如何用你的语言去复盘？这是很考验功力的。举个例子，比如湖人与热火的总决赛中，湖人打出一波进攻高潮，为什么能打出来？湖人在什么方面做好了才让这一阶段打得非常好非常顺？实在不行，问一下搭档老师，这个回合你怎么看？这才真正实现了这种互动和交流，说白了还是我们说的“好球！”“漂亮！”它只是我们情绪上最直接的一种表达，但在情绪背后还要看到这个球到底好在哪儿，可以理解为技战术分析。

孙宁智：解说员很不容易，经常会被一些球迷质疑，认为说得不好或者说得太主观。您如何面对这些质疑，如何做心理调整？

王子星：我觉得他们说的很多时候都是对的，这是心里话。我经常会收到一些网友的评论和私信，“唉呀，你说得不如别的老师好，你需要好好学学”，我百分之百都回复：“您说得特别对，我要向其他老师包括可能比我年轻的解说员好好学习。”首先，我不认为这句话特别虚伪，确实是这样，每个人的风格都不一样，他一定有说得很好的地方。其次，还是那句话，“各花入各眼”，我不可能满足所有球迷对我的期待，甚至我无法满足所有球迷对这场比赛的期待。总有一方是输球的，输球的一方就需要一个情绪缺口，很多时候我就成为那个情绪缺口了。我们经常开玩笑说，我的工资有一半是负责挨骂的。我在入行第二、三年的时候，有一段时间不太敢看微博，因为要么有人夸你“说得很好”，要么有人骂你“说的什么玩意儿”，有时候还有人发私信，还各种 @ 我。那一年我基本上没怎么看过微博评论，确实会有心理负担，“我也说了一年多了，怎么还是这个样子”，就觉得进步不是很大。后来，我突然意识到一点，就是我没法满足所有人对我的期待，但是我可以满足我自己的期待。例如，说一场球之后，我能够意识到自己说得好还是不好，我能够意识到哪里还有进步空间，自己去调整就好了。有一些批评和建议确确实实说得很不错，那就认真吸取，认真提高；有的纯粹是发泄情绪，就把它放在那里好了，我不认为这种负面情绪或负面评价一定会影响到我。说得直白一点，做这一行业你要面对那么多人，不管你这场比赛是 10 万人收看，是 100 万人收看，还是 1,000 万人收看，你不可能让他们都满意。但没关系，只要保证工作是符合行业规范的，是符合自己对行业期待的，我就很满意了。

郑珊珊：人们常说，有一千个读者就有一千个哈姆雷特，关于体育解说，有没有一个公认的或者说是共性的标准？

王子星：我觉得目前是没有的，这也是我愿意跟大家一起来交流的原因，我很想知道在你们心目当中一个好解说员是什么样的，因为你们是我的受众，是我的衣食父母，你们也是学这个专业的。我真的很好奇这件事儿，我目前还没有想明白这件事情，但有一点我觉得是可以做到的，就是这场比赛从大家开始看到结束，我能对我说的话负责。举一个很简单的例子，比如我告诉你这场球是“海鹰”和“红雀”打，我说“海鹰”的进攻好，防守不好，那我会告诉你为什么，就是好在哪儿，不好在哪儿，“红雀”防守不好，不好在哪儿。赛前，我告诉你我怎么判断这场比赛；赛中，告诉你我怎么解读这场比赛；赛后，告诉你我怎么总结这场比赛。我对我的每一句话负责。

四、会不会讲故事很重要

郑珊珊：作为新媒体解说员，您怎么看待传统媒体与新媒体融合背景下体育解说员的出路？

王子星：我觉得体育解说这个行业在“吃张口饭”的行业里很特殊，特别是新媒体解说。传统媒体解说，我认为是陪伴式，电视一开，声音一开，听着就好，我可以看看书、扫扫地，那边解说员突然亢奋了，我就知道到关键回合了，看一眼，这个至少是我在家看球时的状态，或者是用大屏看球的状态。不知道各位是不是一样？用手机看球，是一个更小的屏幕，手机看球的一个不好的地方在于它需要很专注，受众必须要专注在这个屏幕上，所以好像听解说也会更专注。但是我始终觉得新媒体解说可能是所有“吃张口饭”的职业里可以被静音的那种。你们一定干过这个事儿，看着看着把声音关了，对吧？新媒体解说，难就难在需要长时间专注于一件事。你们上课45分钟都没法专注，还希望听一个解说讲解两小时，这是不可能的。我觉得新媒体解说最重要的是让观众的情绪始终跟你走。还是那句话，电视解说“play by play”（实况报道）的时候可以很细致。我在美国待过一段时间，也接触过他们的解说，他们就跟我说，“you have to do the play by play”（你需要一条一条很严格地做）。换句话说，一个新媒体解说需要很好地控制情绪，观众能感受到你的某种情绪，你让他们跟着你走，否则观众就会静音。要让观众觉得你很有意思，同时没有偏离主题，这一点是非常难的。如果以后你致力于新媒体行业，或者在新媒体做“张嘴的行业”，主持人、解说员、记者等，包括你去拍快手、拍抖音都一样，你需要瞬间抓住观众情绪，然后让观众沉浸其中，这个能力很重要，否则观众一旦把声音关掉了，想再打开是不可能的。作为一个新媒体解说员，观众完全专注于你的画面的时间是很短的，你需要抓住机会，马上吸引他们，这可能是很大的一个区别。

郑珊珊：对于解说来说，最重要的是“情动于中而形于言，言之不足故嗟叹之”。

王子星：真的是。再说一个我工作这几年最大的一个感触，会不会讲故事很重要。

有人问，你一个说球的，还需要讲故事吗？需要，解说员需要有很好的情绪表达能力，有很好的讲故事能力。一个会讲故事的人，会领着你走，比如说他用语言和声音去描绘一个场景，是森林、是海边、还是山上，这是一种功力。比赛也一样，某个非常激烈的回合，最后一个罚球的时候，你恰恰不需要声音很高亢、很饱满，要轻一点，让观众紧张起来。这种就是只可意会不可言传，就是要让你我共生在一种情感中，才能够更好地去调动大家的情绪，也能让别人跟着你的节奏走，然后喜欢上你，这样我们才能够更好地进行传播。

郑珊珊：如果用几个关键词总结体育解说员应该具备哪些素养，或者说我们应该朝着哪个方向发展，您会怎么说？

王子星：第一，是你真的乐意为此付出。很多人说“我喜欢看球，我看球十几年了，能不能做解说？”“我关注你们比赛很多很多年了，我很了解明星的背后故事，能不能做解说？”当然可以，热爱这个行业是基础。第二，要有很好的表达能力，这也是我们有这个专业的原因。第三，是你能不能接受比赛跟你想象的不一样。球迷看球和我们说球的角度大部分是重合的，但肯定有一些是不一样的。你会接触到很多这个项目背后的东西，接触到很多这个比赛背后的东西，当它和你想象的不一样时，你是不是还能做这个工作？这会作为一个标杆或者一个瓶颈卡掉很多人。我看到很多人第一年说了 100 场球，很兴奋。我记得刚开始老板跟我说，“一个月 30 天，你肯定要说 20 场球”，我的第一反应是，“20 场不够，25 场吧”。到第 5 年，老板再说一个月 25 场球，我的反应是，“25 场球，天哪！”但我并不排斥一个月说 25 场球，因为我确实适合干这行，但是也有很多人说不动了，说不了这么多。这是很重要的，就是你对这项运动的热爱或者热情能不能够支撑这么高强度的工作量。要有热爱，有持续性，有很好的表达能力，这都很重要。还有一点，是看你是不是真的有体育感。体育感是很玄妙的东西，有的人一张嘴就好像是个体育解说，有的人一张嘴就有新闻的感觉，有的人则有综艺的感觉，这个东西很玄妙。体育感怎么获得，我不知道，可能是多打打球、多看看球，然后多去和这个行业发生一些联系，这会有一些帮助。灵感从哪来，我们不得而知，但是我们可以知道的是为了获得灵感我们现在要做些什么。

郑珊珊：刚才王老师用了一个非常贴切的形容，就是对于体育解说来说要敢于迈出第一步，其实就是勇气，那么走进这个行业之后呢？

王子星：就是做赛前准备，去了解这些项目。在我们跟项目进行深度交流的过程中，会发现彼此的契合点，也可能有彼此相排斥的点。我也做过一些不太擅长的东西，不是相斥，是不太擅长，因为每个人的精力是有限的。经常有人说，王子星你什么都能说，篮球、橄榄球、冰球、乒乓球，还有亚运会的项目，好像什么都能干，但其实是“生活所迫”。比如，我第一次采访一个武术冠军的时候，我对这个项目不太了解，而且只有 30 分钟准备时间，因为是首金，运动员尿检完、颁完奖马上就来到演播室。这时候，你只能通过经验和一些技巧去完成采访。我们一定会面对自己不擅长的东西，要做的一定不是逃避，做完之后才会发现适合还是不适合。我的经验是，90% 以上的矛盾都是能够化解的。你可能确实不了解那个项目的很多细节，但只要你不是去解说这个比赛都是可以的。如果要去解说这个比赛，那就找嘉宾。刚才提到的找嘉宾、找资料，包括跟嘉宾更好地互动。前提是，当你真的遇到排斥点的时候，先别害怕。

郑珊珊：您从事解说工作已经 5 年了，如果有一天遇到了瓶颈，特别难突破，这时候怎么办？

王子星：在疫情期间，我想过这个行业到底还能够发展多久，或者我还能做多久。我有一些自己的职业规划，包括也想过继续进修、读博，甚至有没有机会当老师，但是我认真考虑过以后认为这个工作我还能继续再做，因为我面对的比赛都是新的，比赛结果是未知的，比赛场面是未知的，这是体育的魅力。我想知道下赛季会怎么样，我想知道下一场球会怎么样，这是我做体育解说很大的幸福感。我始终保持期待，始终保持对于结果的探究，因为不断有新的比赛涌进来。如果真的有职业倦怠感，这个倦怠感不是说对体育的倦怠感，而是你累了，这也很正常。一个月说 25 场球，你也会累的，累的时候怎么办？就做一些其他的事情，比如看看脱口秀，看看其他的节目，甚至尝试一些跟你职业不相关的事情，让你能够缓解紧张、放松心情。真的是这样，体育解说的幸福就在于它面对的比赛都是未知的。

王子星授课

体育解说的实践与经验

图 4　授课现场

非常开心能够在这里跟大家聊一聊体育解说。其实我不仅仅做解说工作，还做一些主持工作，例如 2018 年亚运会期间我在雅加达前方主持的《第一时间》是个访谈节目，还主持过一些体育娱乐节目，像《超新星运动会》，包括“超级企鹅”系列。所以，我不只是一个说球的。

一、传统媒体解说和网络平台解说的区别

关于传统媒体和网络媒体这个话题很有意思，我恰好都做过。我入行的第一份工作是在网络媒体，后来在传统媒体——重庆卫视——解说 NBA，做了大概两个月，后来又到了网络平台。

这其中当然有很大的区别，从环节设置来说，传统媒体的演播室、环节设置肯定没有网络媒体丰富。大家如果看过传统媒体的体育比赛，会知道它的内容是线性的：比赛—广告、比赛—广告、比赛—广告……然后就结束了。网络媒体有很多很多内容，暂停的时候有互动，包括抽奖、问答环节，互动性非常强，这是网络平台与传统媒体

平台一个很大的区别，它需要让观众得到反馈感。反馈感很重要，它需要让观众意识到，“原来我买的这个会员体现在这里”“看你的节目我是被尊重的”“我是有话语权的”……这是网络平台解说一个非常重要的内容。

图 5　腾讯 NBA 演播室战术分析现场

这张照片大家可能比较熟悉，这是我们中场时候的一个战术分析环节，一直延续至今。我们不会在比赛一结束马上“咔”就进广告，而是会给大家更多的延展内容，这是很考验解说员、主持人功力的。你已经说了很多话了，而且里面大部分内容在比赛的时候都说过，这时你需要换一种方式，用不同的媒体播出形态再给观众重新解读一遍。这个时候如何让观众留下来其实很重要，我相信大部分人等比赛一结束或半场球一结束就从视频退出来，该聊微信聊微信，该打王者打王者了。这里面 90% 的功劳应该给我的同事，他们的设置、呈现是最重要的。但也不得不承认，如果最后那 10% 我说得不好的话，观众还是会说，“说的什么玩意儿”，然后就不听了。大家要知道，比赛的时候观众可以静音，这个环节选择静音然后剩这俩人在这块儿张牙舞爪地没必要，所以观众一定想听、会听比赛以外其他环节的内容，这其实是很考验功力的。这也是作为网络媒体非常重要的一点，你要在你出现的那个环节里面有很好的表达，否则观众一定会离开。你是不是真的有趣，能够在这些非比赛环节里面把大家留住，这个真的很重要。

尺度这个事儿，要聊一聊。确实，很多人会说网络平台的尺度大，我觉得这个尺度其实更多是指对一些词的应用和对一些情绪的表达。一提传统媒体，可能会想到四平八稳，情绪表达稳定；而网络媒体可以开一些玩笑，可以使用潮言潮语。确实，我们可能比传统媒体更宽泛一些，在用词造句上会更随性一些，这都是我们所谓的尺度大，但是它绝对不是没有尺度、没有边线的。没有边线，就意味着你会越界，越界就超越了这个职业范畴本身，那就是失误了。所以，我不认为网络媒体可以随便骂街，可以随便攻击球员、球队、比赛，恶意地爆料或者揣测这个比赛，这都是不对的。比如说一场比赛，观众在喊这个比赛是不是有内幕？是不是黑哨？是不是有情况出现？这些话解说员应该说吗？在我看来还是不应该说的，你做这份职业要保证一定的公正性，没有任何证据的恶意揣测、恶意迎合，或者是恶意地挑口水战，在我看来都算尺度之外的内容，并不能因为在网络媒体就被保护。

图 6　授课现场

互动性，前面我们也提到了，你需要跟观众有互动交流，让他们意识到自己在被服务，这个是网络平台非常重要的一个特点。我们要明白观众想要什么。大部分球迷看球其实看的是情绪，而不是技战术，要“想观众之所想”。和嘉宾的互动也很重要，让嘉宾说得痛快、说得清楚是一件非常重要的事情。

还有两点，就是娱乐性和专业性，这恰好也是今年我们正在讨论的一个问题，就是跨界的事儿。体育比赛或者说我们的转播在不断和其他圈层之间产生联系，会有一些明星来到演播室跟我们一块儿解说，一块儿看比赛，比如陈伟霆、王嘉尔等很多流量明星都和我们合作过。这些都是网络平台的特点。

说到这儿，我也想谈谈对流量的看法。其实，大平台能给我们带来很多资源，这些资源能带来所谓的流量，这是当今社会我们无法回避的一个话题。有流量艺人在的时候，真的看的人好多。我人生第一次微博被大面积转发不是因为抽奖，而是因为发了一张和流量艺人的合影。当时我在明尼苏达，发了一张跟艺人的工作照后就睡觉了，醒来之后发现有 1,000 条转发！我以为出事了，第一感觉是说错话了，但转念一想，没直播呀，不应该呀，一看都是艺人的粉丝。这是我第一次意识到流量的厉害之处。刚才说到“超新星运动会”，说实话，我主持了三届，每届有 150 个人，其中的 90% 我对不上号，完全不知道谁是谁，特别是男团、女团里面谁是谁，他们往那儿站一排一鞠躬，我心说这都是谁啊？但我必须去认，一方面是工作需要；一方面你知道他们会和你的工作产生联系，所以你一定要去关注。慢慢地，我在采访当中可以抛一些关于他们的工作、生活的梗。第一，这是对他们的尊重。他们来了，你要尊重他们，你要知道他们是谁，你要知道他们有什么代表作。第二，是尊重客户，你要知道客户是来看他们的，不是来看我们的。第三，为了你的主持业务，你也得知道你采访的那些人是干吗的，因为他们是你工作中的一个环节。当开始做这行时，当意识到可能会跟这些圈层产生联系的时候，你不用刻意去学习，但一定不能排斥。

关于解说，说说我的经验体会。第一点，就是“惟手熟尔”。我每年大概解说 200 多场比赛，在 2019 年我说了近 300 场，这还不包括大直播，从早到晚的那种都算作一场，300 场就是靠“惟手熟尔”。还有一点是我之前没有意识到的，就是你需要有鲜明的个性特点。这点我之前是很排斥的。以前我认为特点就是你要出位，你要“搅口水”，你要说一些可能过分的话，然后让两边骂起来，你才有特点，但我觉得非常不好。后来，我知道了，其实特点有很多种，四平八稳是一种特点，专业也是一种特点，幽默也是一种特点……特点是跟你的形象、你的背景相符合的。很多人可能不擅长幽默，如果强行幽默的话就非常尴尬。所以千万不要这样做，你不适合就不要做。有的人可能天生就很有幽默感、很有意思，那你就尝试在节目中加入一些你的幽默和你的判断，这跟你的性格和阅历有关系。有的解说员可能看书很多，看电影很多，那就把这些东西用进去，这其实是适合的。总而言之，关键是要找到适合你自己的风格特点，只有自己说得舒服，才可能让观众觉得舒服。相反，如果一味迎合观众的话，将离自己的初心越来越远。当然，观众的需求很重要，但是首先你要知道自己适合怎么说球，然后再去想观众的需求是什么。观众不会说我需要一个怎样的解说，但观众知道哪个解说听着舒服。个人风格一定是建立在自己的专业背景和个人背景之上的。如果你有很好的专业背景，比如你语言很幽默或者你饱读诗书，你就在解说中尝试应用；如果你是一个很情绪化的人，就是一个“中二”少年或者“中二”少女，那你就把你的“中二”体现出来……只要在尺度之内，我觉得都是可以的。

二、announcer和commentator是不一样的

announcer（节目主持人）和 commentator（评论员、嘉宾）是不一样的。你们觉得我是什么样的一个角色？其实是 announcer 不是 commentator，对吧？ announcer 做的是 play by play（实况报道）的工作，commentator 做的是 analyze（分析）的工作，完全不同。

拿橄榄球举例。比如，“海鹰队的四分卫拉塞尔·威尔逊play action（假跑真传）绕出来，然后向前传球，20 码这边的曼卡夫接住”。这就是 play by play，描述刚才发生了什么。而分析的内容也有很多，比如，海鹰队做 play action 的成功率有多少？这个回合的假跑真传影响了谁？防守如何应对？进攻怎样打成？这叫分析。解说员要做的工作更多是 play by play，把比赛说明白说清楚，然后让嘉宾顺着你的话分析清楚就可以了。如果有一天你能看懂比赛也能分析的时候，要注意两点：第一，先不要讲嘉宾该讲的话。我看过一些老师因为自己确实很棒，然后他开始做一些分析，那嘉宾就没话说了。第二，嘉宾分析完之后你可以补充。你可以展开内容，可以拿这个东西来进行一些个性化处理，但要分清楚角色。很多观众其实分不清楚两个人谁是 announcer 谁是 commentator，如果你的概念很乱的话，嘉宾也会跟着乱。或许你们一场说下来，观众觉得很热闹，但细想一下就知道这其实并不是一件好事儿。

如果有同学志在成为一个 commentator，我也觉得很好，可是实现的方法可能跟现在完全不一样。如果你还是想做 announcer，得先把 play by play 做好。这是一张数据表（如图 7），是从 NBA 网站上下载的。在 NBA 官网上会有详细的关于最近每一场比赛的数据分析，如果你有志于做这方面工作的话，你可以浏览、下载。里面的内容非常详尽，比如每个人的上场时间、命中率、出手次数等，赛前你要去看上一场比赛或上几场比赛的内容。这就是 play by play 需要准备的内容。

如果我们同学特别想做 announcer 又不知道如何做 play by play 的话，就直接对着比赛画面去练习，你会找到节奏感。我当年说 NFL 的时候比赛很少，国内资源也不是很多，我一开始没有找到一个好的解说节奏，然后就想了一个办法——练 play by play。猜猜我是怎么做的？我下载了一个游戏，一边打一边练，一边打一边去模拟这个 play 是怎么做到的，然后去找节奏。

Attendance: 19068 (Sellout)

VISITOR: Golden State Warriors (11-3)

	POS	MIN	FG	FGA	3P	3PA	FT	FTA	OR	DR	TOT	A	PF	ST	TO	BS	+/-	PTS
35 Kevin Durant	F	39:01	10	24	2	4	11	13	1	10	11	10	6	1	4	2	4	33
23 Draymond Green	F	42:42	3	9	0	2	0	0	1	13	14	2	3	3	4	0	-2	6
15 Damian Jones	C	13:30	0	1	0	0	0	0	0	1	1	3	2	0	0	1	-8	0
11 Klay Thompson	G	45:19	13	31	5	16	0	0	1	2	3	2	2	2	3	1	-4	31
4 Quinn Cook	G	22:02	3	7	1	3	0	0	1	0	1	2	1	1	2	0	-7	7
5 Kevon Looney		26:10	4	7	0	0	1	2	2	2	4	2	4	0	0	2	5	9
21 Jonas Jerebko		12:22	1	1	1	1	0	0	1	0	1	1	0	0	0	1	-3	3
9 Andre Iguodala		32:31	5	7	2	3	2	5	1	4	5	4	3	0	1	1	3	14
34 Shaun Livingston		18:30	3	4	0	0	2	3	2	0	2	0	2	0	2	0	-9	8
28 Alfonzo McKinnie		10:46	1	2	1	2	0	0	0	3	3	1	2	0	1	0	-5	3
2 Jordan Bell		02:07	1	1	0	0	0	0	1	0	1	0	0	0	0	0	1	2
10 Jacob Evans		DNP - Coach's decision																
1 Damion Lee		DNP - Coach's decision																
		265:00	44	94	12	31	16	23	11	35	46	27	25	7	17	8	-5	116
				46.8%		38.7%		69.6%		TM REB: 7			TOT TO: 17 (20 PTS)					

HOME: LA CLIPPERS (8-5)

	POS	MIN	FG	FGA	3P	3PA	FT	FTA	OR	DR	TOT	A	PF	ST	TO	BS	+/-	PTS
34 Tobias Harris	F	42:28	7	18	2	5	1	2	0	8	8	5	4	2	3	0	5	17
8 Danilo Gallinari	F	36:55	3	12	2	6	6	7	1	6	7	1	2	0	1	0	-3	14
13 Marcin Gortat	C	20:33	4	5	0	0	4	4	2	4	6	1	2	1	0	0	9	12
21 Patrick Beverley	G	23:31	2	5	0	0	0	0	1	1	2	5	2	1	0	0	13	4
2 Shai Gilgeous-Alexander	G	38:27	8	11	0	3	2	2	0	5	5	3	1	2	4	1	-3	18
23 Lou Williams		31:45	5	18	1	5	14	14	0	2	2	6	1	2	2	0	0	25
5 Montrezl Harrell		32:27	10	13	0	0	3	5	2	6	8	1	4	1	2	4	-4	23
30 Mike Scott		16:56	3	5	0	1	0	0	0	7	7	0	1	1	0	0	6	6
9 Tyrone Wallace		11:52	1	4	0	0	0	0	0	2	2	1	1	1	2	0	0	2
0 Sindarius Thornwell		10:06	0	0	0	0	0	0	0	2	2	0	5	0	1	0	2	0
51 Boban Marjanovic		DNP - Coach's decision																
10 Jerome Robinson		DNP - Coach's decision																
4 Milos Teodosic		DNP - Coach's decision																
		265:00	43	91	5	20	30	34	6	43	49	23	23	11	15	5	5	121
				47.3%		25%		88.2%		TM REB: 7			TOT TO: 17 (16 PTS)					

SCORE BY PERIOD	1	2	3	4	OT1	FINAL
Warriors	30	31	20	25	10	116
CLIPPERS	34	30	26	16	15	121

图 7　NBA 数据表

做到客观、准确、细致、独到，是做我们这行最重要的一些东西。观众需要的信息和自己准备好的内容，有的时候会出现偏差。我刚入行的时候会准备很多资料，比如我第一场比赛说的是刚果布拉柴维尔与刚果金两个非洲国家的对阵。我准备的第一手资料是什么呢？好好地查了一下为什么有两个刚果，刚果布拉柴维尔是怎么回事？刚果金又是怎么回事？我现在对非洲历史很了解，是因为曾经说过非洲杯。但这些内容观众想不想听？也许想听，但如果很激烈，他们就一定不想听，所以并不是你每一次准备的比赛内容都能用得上。刚入行的时候，比如一场比赛，我准备了 10 页纸，我插空也要把这 10 页纸说完，不说完感觉就太亏了，我费了那么大劲写出来的东西一定要用上。后来我知道，其实不是这样的，如果你想长期从事这份职业，这些内容以后一定会用上，不要把话说满。比如 10 页纸的资料，解说时就用了其中 2 页，但效果非常好，那咱们就只说这 2 页，后面 8 页以后不一定什么时候会用上，而且一定会用上。所以，没有无效的功课，没有无效的付出，千万不要心疼自己那点时间，你付出的每一段时间都是有用的。而且千万不要为了说而说，我觉得这可能是新人会犯的一个错误。

要经常搜索数据，掌握一些高阶数据，比如说失误得分、二次进攻得分、快攻得分、内线得分、失误失分、二次失分、快攻失分、内线失分等。不要害怕高阶数据，其实大家都可以很便捷地查到。

要多看官方信息。就是我们在准备比赛或者在比赛当中会有一些内容的更新，我始终保持一边说比赛一边刷新社交媒体的习惯，比如 ESPN 的 Royce Yong，他会在比赛时发一些评论内容（如图 8）。我关注他们并实时更新信息，这对说球有很大帮助。比如球员受伤离场，或者今天他突然没有上场，你怎么给观众解释？你不要预测，你要去找第一手的官方资料，或者前方这些有公信力的记者的第一手资料，他们才是你的信息来源。一定要有信息来源，就像采访一样，这些来源很重要。

资料需要平时积累、随时积累，就像你天天要刷论坛、刷新闻，这个叫作特定的内容。比如说我要说一场湖人和热火的比赛，那我的关注点就应该在两队和两队的球员身上。这是职业要求，就像做主持人要有很好的表达能力一样。还有一种东西是需要长期沉淀的。我个人有三大爱好，一个是说唱，一个是相声，一个是脱口秀，恰好我在这三个行业里都有一些很好的朋友。前几天有一个师妹问我：星哥，你没事就去听演出，看脱口秀，还喜欢看各种展，哪有时间准备工作呀？我说这就是准备工作，很多段子或者很多梗其实是平时的积累，你知道他们的语态、他们的方式、他们的节奏之后，你是可以去模仿或者借用的。比如，最近《脱口秀大会》非常火，我在做节目的时候就会用一些他们里面的段子，因为我不是在说脱口秀，这就不是抄袭，而是借鉴。我跟呼兰是好朋友，就经常跟他说，“你的段子今天用一下”。比如说一个人抱住了另外一个球员，这不就跟呼兰说的一样嘛，“你看这个人又跑不动又跑不了”，偶尔听起来会很贴切，这种方法其实很好用。

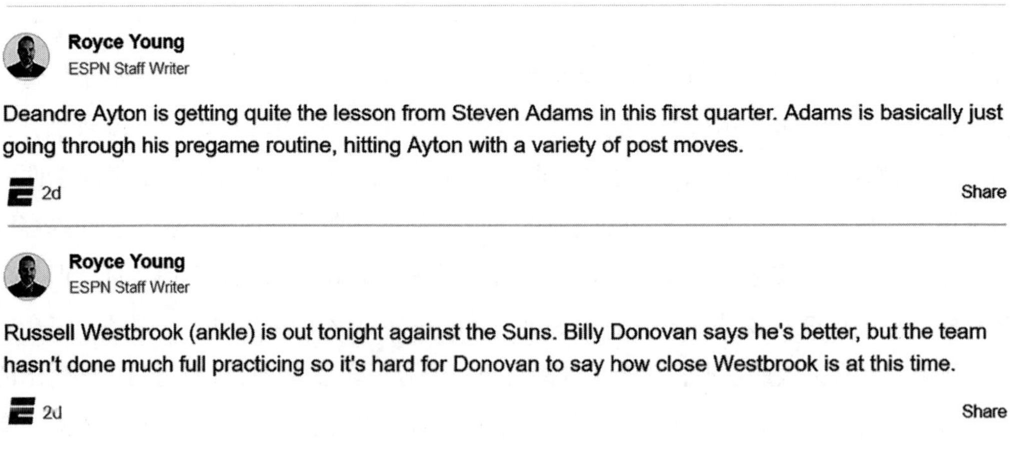
Royce Young
ESPN Staff Writer

Deandre Ayton is getting quite the lesson from Steven Adams in this first quarter. Adams is basically just going through his pregame routine, hitting Ayton with a variety of post moves.

2d Share

Royce Young
ESPN Staff Writer

Russell Westbrook (ankle) is out tonight against the Suns. Billy Donovan says he's better, but the team hasn't done much full practicing so it's hard for Donovan to say how close Westbrook is at this time.

2d Share

图 8　Royce Yong 的社交媒体截图

有更多的积累之后，你的视野就会被打开。就球说球，是很基础的能力，但如果能够就球说一些其他的东西，比如文学、美术，如果描述很贴切的话，观众在听解说的时候还能长知识，就会很乐意听你说起这些东西。所以，我非常鼓励同学们去实践，去看演出、话剧、脱口秀等。我去一个地方旅游，会先逛博物馆，会问他们具有代表性的地方，你会意识到那些东西是能反映一个地区或者一个民族特性的，最终会呈现在体育里面。比如，你去看一下俄罗斯的艺术再看一下俄罗斯的比赛，你去看一下北欧的艺术再看一下北欧的比赛方式，都有异曲同工之处。这些东西，如果能够运用到节目中的话是很漂亮的。

三、A foreign language is a weapon in the struggle of life

“A foreign language is a weapon in the struggle of life（外语是人生奋斗的武器）.”知道这句话是谁说的吗？这是马克思说的。我要表达的意思是，在我们的人生中，要把英语当作武器。这句话，其实一开始我也不懂。后来读研究生的时候，我有个去美国进行交换学习的机会，恰好也是做体育解说，机会超级好，我就去了。

旧金山机场有很多中文标识，你还能看懂。但开始跟人沟通之后，你就要说英语了，从点菜到换乘，我的各种交流就没有顺的。那天晚上我们飞到丹佛，然后当地接待的那个人就说：“子星，旅途劳顿，请你吃顿牛排吧。”那是我人生第一次遇到一个菜单上没有一张图的餐厅，一张 A4 纸上都是英文单词，我唯一能看懂的就是 steak（牛排），其他什么都看不懂。那天晚上，我下定决心要学英语，因为如果不学，后边一个月得饿死。我最近三年一共往返飞了 10 趟美国，因为有很多工作在那边。

英语非常重要，你不知道什么时候会有机会用上它。我之前被派去俄罗斯，后来我问领导：“大哥，我是一个说篮球的，不说足球好多年了，为什么让我去啊？”领导原话是：“因为你能听懂各地口音的英语。”真是这样的，不管你是非洲口音、欧洲口音，是美国口音还是中国口音、日本口音，我都能够听懂。我们一个记者就问，你怎么跟谁都能聊啊，我说可能是因为我哪儿都去过。你并不知道什么时候因为你英语好机会就给你了，所以大家一定要把语言当回事儿。尤其是你要进入这一行，很多内容还是有关系的，你不可能说我只做国内联赛，对吧？即使只做中超或者 CBA，你还要去采访外援呢。你说得好的话，是不是有机会去说世界杯、说奥运会、说亚运会呢，这都需要一门不错的外语作为基础。如果你的英语真的能够跟别人交流的话，你会得到很多别人没有的机会。可能很多人还想说一些国外联赛，那大量的英语词汇就很有帮助了。我每天都看一些英语资料，有时候一看就是 100 多页。

说个真事儿，这个段子我引以为傲。我一开始说 NFL 的时候，对 NFL 的规则其实不是很懂，处于初级水平。有一天，领导突然跟我说，“子星，你去说超级碗吧，在美国休斯敦”。我说，“好啊”。那是我第一次出差，就是去美国。我虽然嘴上说可以，但心里很忐忑，因为不会啊！我就去学校打印了一本很厚的资料，英文翻译过来是“跟傻瓜学 NFL”，是傻瓜也能看得懂的“NFL 入门手册”。从北京飞到洛杉矶，再从洛杉矶到休斯敦，我看完了那本书。下了飞机，我的第一句话就是“哥们行了”，就是能干这事儿了。这是真的。

我很庆幸在读研的时候有一次出国的机会，虽然时间很短，但是让我意识到英语很重要，然后开始尝试去背一些专业词汇。专业词汇很重要，很多词是你考四六级甚至考专业英语级别时用不到的一些体育词汇，但是你需要去了解。比如 aggressive（侵略性），经常会用到，对吧？还有 isolation（单打），对吧？可能不是那么常用的一些词汇，你需要去记住。包括他们接受采访时经常会说的一些话，比如 chemistry（化学反应），对吧？这都是你要刻意去记的。我相信对你们来说很容易，你们还很年轻。还有一些专业词汇，比如 from downtown，什么意思？超远三分。去听一些原版的解说，看一些原版的报道，去 ESPN 官网上看一些原版的评论，真的很有用。

四、应对突发情况

我不知道大家怎么理解突发情况，我遇到过几次。一次是说非洲杯的时候。当时，比赛打着打着，突然现场观众不干了，开始往场内投掷石块，然后当地出动了武装直升机，比赛停了 30 分钟，这是突发情况。另一次是 NBA 国王队的一场比赛，由于之前一场冰球赛导致场馆漏水，比赛没法打。还有一次是断电。这都是突发情况。包括球员受重伤，不是一般的受伤，是导致赛季“报废”甚至球员需要小车推走的那种，也属于突发情况。

面对突发情况，首先，最重要的是严谨。如果你不知道发生了什么，就不要说，仅仅描述场上怎么样，比如说看到了医疗队员进场治疗，这叫作准确的描述。你不要判断可能是怎么样了，不要直接评价它，这是很不严谨的，你要等官方的信息。其次，是公正和迅速。现在的媒体环境很好，你能够上网看到前方记者发的推特或者能够了解到其他信息，所以能够第一时间知道这些消息。当你知道官方消息的时候，第一时间说出来的同时要冷静。什么是冷静？就是别烦。非洲杯那次的武装直升机进场，他们用高压水枪疏散那些往场内扔石块的球迷，疏散了大概一个小时，什么内容都没有。那时候，我已经烦了，这有什么可聊的？但事后再想，观众也很着急，也很想看比赛，这时候你的急躁情绪会影响收视效果，观众甚至可能因为你的急躁而选择关掉这一段。所以，你要冷静，要给观众营造一种比赛很快会回归的氛围。

解说时，场面失控怎么办？记住一句话，99% 的场面都不会失控的。你不会失控，嘉宾也不会失控。如果嘉宾失控了，怎么办？尽可能地让导播把他的麦克关掉，发微信或者打手势，另外就是你要保持住平台的调性，这点很重要。哪怕嘉宾失控了，你也要知道自己该说什么，这一点是给大家做一个提醒，因为这几年出了一些这样的事情。但不管怎么样，首先保证你自己不失控，你自己知道每场比赛在赛前、赛中、赛后要说什么。如果嘉宾说了一些不合适的话，能圆就圆，不能圆就保持住自己的态度，这也很重要。

五、享受每一次去现场说球的机会

学　生：作为女生，我觉得只要是学这个专业的肯定都想成为一名女解说员。我想问问您，像足球、篮球这样的大球，我们女性在解说时一定会存在劣势吗？女性怎么样去发挥自己在解说当中的优势呢？

王子星：非常好的问题。NBA 的比赛节奏非常快，女生的语速和语调很难控制，可能观众听起来稍微有那么一点点不同。我认为很多的比赛，女孩说会很漂亮，例如排球和网球，因为网球是一个回合打完之后才作评述。但是篮球这种高对抗性的项目，想做一个好的解说非常难。再多说一点，就是有些男球迷很难接受一个女孩特别是一个非专业的女孩去为他们解说，他们一定会说，你懂什么呀，对吧？ 我经常遇到这样的情况。作为一个女孩，想走上解说这个岗位，要付出的会更多。我的一些女同事解说工作做得非常好，但她们要说大球很难。首先，你的语速语调需要做一些调整，不要太尖锐，不要让观众感觉你的情绪波动太大。其次，你要改变这些男球迷的观点很不容易，如果想这么做的话也不是不可以，像 Doris Burke（多尼斯·伯克，NBA 第一位女解说员）一样，先从场边记者做起。先进入这个行业是个非常好的方法，期待大家能进入这个行业。

学　生：我想找那种小一点的平台进行尝试，但是又害怕自己在能力或者经验方面存在不足，您有什么样的建议？

王子星：你觉得说得好坏的标准在哪儿？我觉得主要还是根据观众的感受来判断。有受众就会有批评和褒奖，我从入行到现在都无法避开这些东西，哪怕到今天一样会有观众说喜欢王子星、不喜欢王子星，这是无法避免的。你进入这个行业，就一定会有这方面的评价存在。你可能会说你迟疑的是不知道如何准备，不知道如何开始，不知道如何解说，这些问题都很好处理。如果你的疑惑是很怕自己说得不好，被观众“喷”，那我告诉你这非常正常，我一开始也会有这样的想法。其实，观众一开始很难记住你的，有了一段时间的积累之后，观众才会记住这个人。等观众记住你这个人的时候，你可能已经是一个有一定经验的解说了。所以，如果有机会尝试的话，不用犹豫，去尝试就好，你会知道自己适不适合这个行业。如果你发现自己真的适合并且热爱的话，就可以在这条路一直走下去，如果发现自己不适合或者不够热爱的话，也可以换个行业。多尝试没有错，我特别理解这个心态。

学　生：您平常一直在腾讯体育的演播室里进行解说，今年去迈阿密解说了超级碗比赛，现场解说和演播室解说有怎样的不同体验？有哪些需要注意的地方？

王子星：我很享受每一次去现场说球的机会，不管是NBA，还是NFL，还是其他现场，因为现场有氛围。说个你们可能觉得很神奇的事儿。我在现场说球的时候，看的屏幕比在演播室的还小，我们在演播室看的屏幕可能还会大一点。在现场，我只能看一个返送，没有反馈，就是一个很小的平台，像一个小盒子一样。到现场不应该在现场解说嘛？很难的，你要记住你是在给屏幕前的观众解说，不是在给现场的8万人解说，所以你还是要把画面的内容先说出来。在现场，哪怕我坐在了价值好几万美金的评论席上，还是得看返送，不能够完全关注场上。在现场也有很多好处，第一，情绪很好，现场观众情绪起来了，你情绪也起来了，不用调动。第二，你可以将摄像机外的很多内容描述给观众听。比如，现场发生了什么事情，现场来了什么人，你可以直观地看到然后描述给观众听，这是很大的一个区别。这么说吧，在演播室解说，画面里有什么你说什么；在现场解说，现场有什么，你都可以说，这是最大的一个区别。还是那句话，我享受每一次去现场解说的过程，非常享受。

学　生：我暑假的时候解说了两场路人王篮球赛的现场比赛，想问一下现场解说的话，是更注重play by play，还是play by play和analyze两个都很重要？我解说完之后，一个同学私信我说，在虎扑上面看直播和看现场录的视频是两种不同的感觉，虎扑上说得更清晰，现场的可能会因为过度的情绪化和调动现场氛围从而影响了屏幕端观众的接收氛围。

王子星：得看你的服务对象是谁。如果现场有公放的话，那你就要满足现场观众的这种氛围，你要调动他们的情绪。如果没有公放，那就要更多地照顾直播平台。只要你的声音能够被现场观众听到，你就需要更情绪化一点，以调动现场观众的情绪，让场子热起来，这个是必需的。

学　生：针对刚刚您说的那个commentator和announcer的问题，我在想要怎么做才能做到不被替代。第二个想法，就是要怎么做才可以坐上那个位置？我的努力方向是不仅要做announcer，更要做commentator，因为很多时候看比赛我是把声音关掉的。比如有些解说员只会说：“好，老詹，三分有了！这球进了！”但很多时候我想听的是为什么热火打凯尔特人打得那么好。

王子星：这大概是我第二年、第三年会去考虑的一个问题。第一，是个人风格，你要有能够被观众接受的个人风格。第二，做 announcer 和 commentator 是完全不同的两条路，做 commentator 需要有更好的职业背景才能被认可，比如说你有职业球员背景，你是球员型的评论员，那当然没有问题。另外是有没有很好的专业背景，比如你在一个更大的平台（比如说在某一家报社、某一支球队内部，或者在国家队里头）有过任职，有丰富的从业经验，再去做 commentator 才能够被认可。只做 announcer 的话，你当然可以评论，但你需要帮助你的搭档把话说完整，而不是你特别主动地去分析某一个内容。

说句心里话，没有人可以做到完全不被替代，这是一个非常残酷的现实。就像你们现在其实都在尝试替代我一样，没有人是能够不被替代的，你可以保持“我想去替代别人”“不想被别人替代”的心态，这个危机感才是最重要的。我无法给你更多言语上的帮助，但我希望你能理解到一点：没有人不会被替代，但同时大部分人都害怕自己被替代。有的时候，这种害怕很有力量，它会推动你不断进步，推动你变得更好。不要总是纠结于我可能会被替代，而是始终想着我要努力，不让自己被替代。

图 10　合影

人物摄影：许小龙　刘　晨

文字整理：孙宁智　刘乘源　刘颖健　依　力　郑珊珊　李　晶　尹素伟　薛文婷

采访时间：2020 年 10 月 23 日

采访地点：北京体育大学北体传媒演播室

苗霖面对面

图 1　苗霖

苗霖，1991 年生，中央广播电视总台中国之声节目主持人和体育编辑，以评书式足球解说知名。2010—2017 年于中国传媒大学播音主持艺术学院攻读本科、硕士学位；2017 年入职中央广播电视总台；2018 年获《足球解说大会》冠军。曾先后师从刘延广和单田芳学习评书。

苗霖访谈

体育解说应该是多元的

图2 访谈现场

访谈嘉宾：苗 霖

访谈师生：郑珊珊（教师） 翟昊冉（学生） 樊欣阳（学生）

一、可以把评书融入其中

郑珊珊： 大家好，这次我们有幸邀请到了中央广播电视总台中国之声的节目主持人苗霖，苗霖也是一位有着鲜明个人风格的体育解说员。

苗 霖： 很荣幸又一次来到北京体育大学（以下简称“北体”）跟大家交流，为什么说是“又一次”呢？因为第一次来是担任央视音乐频道直播的主持人，那次非常感谢各位同学带我走近北体、了解北体。这次来又看到这么多青春靓丽的面孔，你们不仅有强壮的体魄，还有文明的精神，这也正是体育的真谛。

郑珊珊： 昨天同学们做了很多功课，把您的经历从头到尾捋了一遍，看到从大一大二开始，您就一直处于活跃状态，在解说、主持、评书等领域都有涉足。能不能分享一下您的成长过程以及从业经历？

苗　霖：这些工作都是师傅领进门，修行靠个人。我了解到很多在座的北体解说的同学在老师的带领下已经在外面进行解说实践了，比如去优酷解说 CUBA，这都是很好的经历。实践非常重要，特别是对于解说、播音、主持这些说话的艺术来说。我从小是学评书的，评书在很多人眼中是老掉牙的一种艺术形式，但是这里面蕴藏着很多中华民族的语言特点。在足球解说的时候，我可以把评书融入其中，甚至主持的时候我也可以把评书融入其中。

我从小跟刘延广老师学评书。当时他住在济南郊区，我每次都要爬山上学，一周去一次。最开始学的时候，我爸我妈觉得我脑子坏掉了，因为我是 90 后，90 后大都喜欢唱歌、画画或者是学习舞蹈、钢琴，你说谁喜欢评书啊？有人以为评书就是“当里个当，当里个当，闲言碎语不要讲，表一表好汉武二郎”，错了，这是山东快书；“数九寒天冷风嗖，转年春打六九头”，这是快板；评书是什么？评书就是讲故事外加自己的评论。

我为什么想学评书呢？小时候，爸妈不让我看电视，就把电视屁股朝外、屏幕朝墙，所以我每次吃饭的时候都看着电视屁股。第二天上学，小朋友都在讨论动画片太好看了，说：“我看了柯南！”“我看了奥特曼！”“苗霖，你看了啥呀？”我淡淡地回复，“看的屁股”。我当时特别无语，但也没有办法，总想找点有趣的事，于是就选择听收音机了。

收音机里面最有趣的就是讲故事，讲故事的最高境界就是评书。一来二去，我听了单老师的《花木兰从军行》，非常喜欢，然后就开始模仿。我先用小霸王学习机把评书录下来，然后找一张 A4 纸，听一句写一句，最后背诵。有一天，我爸我妈回来了，我就说，“爸爸妈妈，我给你们表演一段评书！”他们觉得很新鲜。后来我天天吵着要去学评书，一开始他们以为我是开玩笑的，但我天天“一哭二闹三上吊”，他们没办法，于是通过朋友找到刘延广老师，我开始跟他学评书。我从小学开始学，一直学到初三，后来因为中考、高考忙了，去得也就少了。当时我学习成绩没那么好，虽然能冲上一本，但要上一个好的一本学校有点困难，所以就想艺考。我高中时候的长相，还是面如冠玉、眉分八彩、目若朗星，往那一站，威风凛凛、杀气腾腾，把眼一瞪能放出两道寒光，真可以说是山崩地裂水倒流鬼见愁，人见人爱、车见车载、花见花开。凭着口条加上外形的优势，我选择了报考播音专业。

考播音主持专业的话，我认为还是有优势的，至少我学过评书。但说实话，因为刘延广老师是山东评书，我从小说话全是山东味、济南话，普通话不是特别好。那时候，普通话是我的一个拦路虎，再加上评书和播音主持完全是两条路，隔行如隔山，很多人都不看好我能考进传媒院校。但我不服，觉得都是说话，隔行不隔理，对不对？

我这个人和C罗一样，别人越质疑我，我就越来劲儿，越不服气。所以我每天早上5点起床练普通话、即兴评述、绕口令、模拟主持，还有“舌尖一顶上牙膛，较丹田一力混元气”，练胸腹联合式呼吸。我也练评书，还有贯口《报菜名》《地理图》等特别基本的一些功夫。练了一年后，我自己都没有想到能以专业第一名的成绩考入中国传媒大学播音主持艺术学院。

大一的时候，单田芳老师来学校开讲座。当时其实没多少人感兴趣，但我特兴奋，一晚上没睡着！第二天我去了，听完之后到提问环节，没人举手，我“啪”地举手提问，“单老师，我特别崇拜您，我从小跟刘延广老师学评书，我能不能给您来一段《三国演义》？”他说可以，我就当他面讲了一段三国，网上有视频，大家可以去看。讲完之后，单老师觉得非常不错，夸我是一个苗子，说“这样，你以后到我家来学”。从那之后，我每周都去单老师家学评书，进一步地精进我的评书技能。我认为评书和播音主持是能联系在一块儿的，而且我一直认为语言的最高境界是评书。评书讲究眼中有物，眼到手到口到心到，主持也一样。比如我爸过来和姚明过来，我的目光、视线肯定是不一样的，这就是我们常说的对象感。包括播音主持里的调动气氛这些基础知识其实也跟评书联系紧密。像绕口令、贯口这样的评书基本功，你可以快也可以慢，可以上口也可以不上口。如果你连贯口都炉火纯青了，那绕口令就太简单了。

郑珊珊：苗霖老师再次强调了基本功的重要性。

苗　霖：基本功的练习非常单调、枯燥，但我觉得爱好是一种自觉。如果你真的愿意为这个职业、这个梦想去努力，和C罗一样，和梅西一样，我认为你首先得勤奋。哪怕你的天赋不是很高，也要时刻记着“勤能补拙是良训，一分辛苦一分才”，有一分耕耘就会有一分收获。如果你真的想成为一名优秀的体育解说员、主持人的话，我认为还是要狠下功夫的。基本功的训练，我认为分为两个部分：一是平时的苦练，二是在实践中的领悟。前者不过多解释，后者的意思是实践一定要带着思考。

二、找准定位是做好解说的关键

郑珊珊：刚才说到了实践，苗霖老师从大三起就开始在乐视解说了，甚至已经作为“顶梁柱”出道了。现场的同学也正值大二、大三，咪咕、腾讯、PP等新媒体平台也都有一些解说机会。面对这些新媒体平台的解说机会，他们应该怎么去把握？或者说如果他们想成为一名新媒体解说员，应该具备哪些基本素养？

苗　霖：大家真的非常幸福，为什么说幸福呢？我上学期间，只有乐视、PP、腾讯少数几家视频网站拥有一些体育赛事转播版权。可想而知，这个能让我上手的机会是多么难得。但在现在这个人人皆媒的时代，我们有更多的方式去接触体育、解说体育。其中，抖音、快手是最常见的短视频平台了，同学们有大量的机会和平台可以开展实践。比如今天看了国足，那能不能录一条点评国足的视频呢？看了对阵叙利亚的比赛，是不是可以做战术分析视频呢？我身边很多从事体育解说工作的朋友，都是在学生时代从零做起，逐渐壮大。也有不少人问我，录制这样的短视频是否真的可以训练体育解说的能力呢？我的回答是，虽然短视频的录制和传播方式跟真正的解说有一定差距，但至少可以通过这样的方式锻炼语言组织能力，调整镜头前的表达能力。同时，粉丝的支持也会带来意想不到的收获和成就感。这也是我要说的第一点，努力抓住机会，并在实践中不断提升能力素质。机会少的时候，可以创造机会，等机会真的到来的那天，就可以稳稳地抓住。

接下来回答第二个问题，关于素养。首先，我认为新媒体和传统媒体有极大的区别。我们不可能用“中国之声”这类传统媒体节目中的语言语态去新媒体做解说；也不太可能用新媒体的语言语态在“中国之声”乃至央视这样的平台做主持。因此，最重要的是找准定位，找准定位是做好解说的关键。对体育解说来说，分清解说项目是找准定位的基础步骤，项目不一样，受众人群就不一样。是解说足球还是解说篮球？是 CBA 还是 NBA？是中超还是英超？……归根结底还是要回到节目定位、回到受众身上，再根据这些因素来确定自己的定位。其次，要根据自身特点打造自己的 IP。在这个过程中，我们需要找准自己身上的闪光点，并将它放大。这个闪光点并不是指外在的形象，而是指内在的核心竞争力。很简单，我会评书，这就是我在一群体育解说员中的闪光点，而且我的评书水平在评书行当里也不比别人差，我认为这就算核心竞争力。一名优秀的体育解说员应具备很多素养，这两点是我认为当你基本可以完成解说以后，想再做大幅度提升时应该注意的。

翟昊冉：评书是您的一个标签，您开始把评书跟解说做结合并逐渐形成非传统意义的解说风格时，是不是也有一些不一样的声音？

苗　霖：一定会有不一样的声音，直到现在都会有，这是必然的。这是新生事物，说得极端一点，相当于是在进行一次“革命”。但我认为不要害怕这样的质疑。首先，你不是为别人活，别人说什么那是别人的事。其次，体育解说应该是多元的，只有把不同的解说样态彼此联合起来，才能把体育解说这块蛋糕做大。最忌讳的就是相互倾轧、歧视，这完全没有必要。

用评书做解说，说实话非常难。我从解说第一场比赛开始就使用了评书的方式，相当于我扛了一杆大旗，叫“评书式足球解说”。观众的评价也是两边倒，有些喜欢，有些不喜欢。我需要根据受众的反馈调整我应该用多少评书语言，应该用评书的什么技巧来进行足球解说，不断地调整我的解说方式，这才是关键。

通过近十年的努力，至少当“有诗赞之曰……”一出来，或一提到评书，大家就能想到苗霖，那我最初的目的就基本达到了。当形成解说风格后，喜欢的人是极度喜欢，讨厌的人是极度讨厌。对于讨厌的人，我也没有办法，因为你有标签、特点，就自然会形成这样两边倒的情况。我现在也在思考“平衡”这个词，平衡很重要，平衡是度，是节奏。足球解说过程当中的节奏和度非常重要，评书到底该用多少，什么时候用，需要慢慢摸索规律，调试节奏，找到平衡点。

樊欣阳：体育解说中最常见的形式是对口解说，如果您在解说的时候用评书方式，搭档很可能接不上话，或者说他的压力会比较大，您是怎么去平衡对口解说中的这个问题呢？

苗　霖：这一点，我觉得不必太过于担心。像董路老师和李欣老师一唱一和，也算是曲艺与解说的结合。当大家知道我的风格特点后，自然会知道怎么搭配。当然，我也可以跟搭档提前沟通好，跟他说今天如果进球比较精彩的话，我就会“有诗赞之曰……”，到时候你配合一下，哪怕说一个字“好！”。提前沟通非常必要。

我的“有诗赞之曰……”第一次引起轰动、上热搜是迪巴拉那一次，那是在 2019 年 10 月 23 日，我生日的前一天。当时，我有半年时间没解说了，后来经过各方努力给我安排了一场欧冠的比赛。因为半年没说球了，我也憋着能量，结果正好遇上迪巴拉进了两个球。在第二个球进完之后，我就把四年之前给迪巴拉写的一首定场诗用在了解说当中，“有诗赞之曰：皎如玉树临风前，举世无双望青天。雄鹰展翅西西里，英俊潇洒美少年。巴尔贝拉初亮剑，尤文图斯美名传。古来英雄谁堪比，嫁女就嫁小魔仙。”我当时没想太多，结果第二天登上了抖音热搜榜第七。

之前我也没想过“有诗赞之曰……”能成为一个标志。后来我第二次上热搜，是因为我对裁判的一些判罚不是特别认可。我觉得一个足球解说员在任何一个平台，一定要秉持公平公正的理念去解说，哪怕在此过程中可能会受到一些质疑。说回评书，后期我基本上不会将“有诗赞之曰……”使用得那么频繁了，除非是极为精彩的进球。此时的我不用再刻意输出我的人设、输出我的 IP 了，因为我已经形成了个人风格。

目前，我会发展体育之外的一些节目，比如综艺、音乐，来反哺体育节目。只有做更多的破圈行动，去尝试跨界，你才能不断提高能力，同时也能给球迷包括体育产业带来新鲜血液。现在年轻人玩的东西都很鲜活，我要多多学习和尝试。比如说唱可以给我一些在体育表达上的灵感，所以我开始唱 rap（说唱）。当我唱《中国队》这首 rap 或唱《评书》这首 rap 的时候，其实是能让喜欢 rap 的年轻人有意愿来了解体育的。

郑珊珊：刚才苗霖老师说到，在当前的媒体环境下，想解说好还是非常不容易的，除了要对梦想充满热情，还要苦练基本功，并在此基础上打造标签、找好定位。面对质疑，我们要顶住压力。此外，若想在这条路上走下去，还要有多元的文化素养做铺垫。

苗　霖：对！一定要带着思考去实践，带着思考去做任何事情。你是个人，一个鲜活的人，不是机器人。人是有个性、有思想的，你要去思考这件事儿对你的价值和意义。就像你思考如何完成一个计划，如何能够赢得受众的认可，如何能够获取最大价值。只有带着思考，你才能成长。

苗霖授课

漫谈体育解说

图 3　授课现场

昨天夜里，国足赢球了，葡萄牙也赢球了，真是双喜临门。我对于中国足球是有感情的，因为我经常说中超，同时我也是 C 罗的球迷，所以非常开心能够在双喜临门后来北体跟大家分享足球解说。

一、足球解说员需要具备的素质

绝大多数人认为足球解说是服务于赛事本身的，足球解说员是个服务者，这是正确的，也是必要的。但在我看来，除了服务者之外（当然服务者是第一位的），足球解说员也是一个表演者，这是我和很多同行不一样的一点理解。很多朋友认为场上的球员是主角，足球解说员是配角。我认为两者都是主角，一个好的足球解说员能够通过好的表达方式，让比赛更精彩。对于足球解说，我认为解说员要把它当成一次“演出”，与球员一起完成一次非常精彩的比赛。

先来说说足球解说的A角和B角。很多朋友都清楚，A角是主持人，主要以描述场面信息为主，做背景补充、球员介绍等；B角是评论员，以分析技战术为主，多由职业球员、资深媒体人担任。现在，基本上是由职业球员当B角，资深媒体人当B角的情况比较少。解说员即A角，要做场面信息的补充，这需要准备，需要做大量功课。这个准备，广义上指的是平常的积累。你平常看每一场球，跟朋友探讨一场比赛，都是广义上的积累。狭义上指的是单独为一次比赛做的功课，比如双方的交战记录，球队在联赛中的表现和近期状态，球员伤病情况等。比如詹俊老师有自己的“数据库”，所以在解说过程中很少犯错。A角同样也是一个极富创造性的工作，如果解说中仅限于描述a传b，b传与c，c传d，那多枯燥啊！A角的创造性，第一，体现在语言的运用上，比如评书式足球解说就使用了创造性的语言。第二，体现在细节的发掘上，作为足球解说员，你要善于发现细节然后对其进行分析。第三，体现在临场的反应上，比如导播突然给一个镜头，解说员要立即说出那是谁，这是詹俊老师最擅长的。

公平、公正、公开，也就是“客观中立”，是对解说员最基本的要求。除非解说员本身是有角色设定的，比如今天你代表广州恒大，或者代表山东鲁能、北京国安等，这就是现在的主队解说、倾向性解说。这种情况是可以的，但更多还是要客观中立。

下面谈谈足球解说员应该具备什么素质。

第一，政治意识。对于进行有声语言创作的工作人员而言，政治意识永远是第一位的。在足球解说过程中，解说员也要绷紧这根弦儿，以免传递错误信息甚至错误的价值观。

第二，自律意识，不仅涉及工作层面还包含生活层面。在整个职业生涯中，解说员都要养成良好的生活习惯。解说工作强度非常大，经常熬夜，如果饮食跟不上或者饮食过量，一来会影响身材，二来身体容易出问题。我曾经创造过一个纪录，从下午2点到第二天中午12点，一共说了7场足球赛，中间几乎没有休息。

第三，过硬的心理素质。解说员是为大众服务的，既然是服务，大众肯定有满意的也有不满意的，其中会有一部分人发泄情绪。无论如何，你都要记住：不要回怼。当别人指出自己的问题时，你可以进行反思。如果确实有硬伤，说错了，那就虚心接受；如果他们仅仅是发泄情绪，那你调整一下情绪，做一些适当的心理建设。我从来不回怼任何一个骂我的人，我甚至会说，“谢谢，希望您继续支持，以后再……的话，还希望能够得到您的认可”。不仅球迷会有不同的声音，同行也会有，甚至领导也会有。要学会在争议中让自己变得更坚强、更优秀。

第四，客观中立态度。解说员只有做到客观中立，才能让球迷觉得专业。什么是客观中立？这个世界上没有绝对的客观中立，所谓的客观中立就是球迷觉得你客观中立了，这就十分体现语言的艺术。作为解说员一定要把握这个度，做到既让 A 队球迷满意，又让 B 队球迷满意。解说员要放下身段，不能高高在上地跟球迷交流，当然也不能仰视，而是要平视每一个球迷。不要觉得自己最牛，觉得解说员是最专业的。很多球迷都是“懂球帝”，他们甚至比你懂，所以我一直平视每个球迷，把他们当成自己的老师。

第五，语言节奏控制。在比赛过程中，什么时候该释放背景信息，什么时候该快，什么时候该慢，什么时候该有一些花式玩法，什么时候可以与嘉宾进行交流、抛出问题……这些节奏都要在解说员的掌控中。这和音乐是一样的，比如说唱的 flow，即说唱中的押韵、停顿、轻重音、流畅度，节奏需要控制，你心中得有鼓点，哪怕这个鼓点不是很明显。在解说过程中，你心里也得有鼓点，比如有时你突然要加快行动，紧绷着；有时你突然要慢下来，跟大家进行交流，介绍背景信息，把情绪再带上来。它相当于交响乐的演出，只不过交响乐演出的谱子是已经写好的，解说的谱子是随时变化的。谱子在哪儿？在运动场上。随着场面的波动，解说节奏要发生变化，这需要经过不断的练习和实践。

第六，技战术掌握程度。为什么我把技战术放到比较靠后的位置呢？因为我觉得技战术更多地是由 B 角带出来的。球队的打法是什么？为什么选择这样的战术？为什么要在边路？为什么选择边中结合？为什么选择这样一套阵容？为什么今天球员的位置发生了翻天覆地的变化？这些分析，是需要经过大量实践的行内专家来讲解的。踢过球的和没踢过球的，在这方面的差距极大。

第七，资料准备。资料准备会决定解说员对于这场比赛胸有成竹的程度，是否自信、是否会出现硬伤等。说实话，在我的解说经历当中，虽然都十分用心，但是在场次与场次间必然会有准备上的差异。有的比赛是我非常喜欢和在意的，可能做的功课就会多一些，说起来就会更加丰富和精彩。我在刚进入这一行时，基本上对每支球队都要做 8 个小时以上的准备工作，我甚至要把球员的家世都扒出来，这是我一直坚持的。

第八，格局。格局会决定你能走多远。做人的格局是指有没有包容心，能不能容忍，格局将会决定你的高度。对于解说场次，总会有喜欢的，有不喜欢的，总会遇上自己不怎么满意的场次，或许是因为时间，或许是因为球队……但每一场比赛都是新的，每一场比赛都要解说出自己的风格。

二、要准备一般人不知道的资料

介绍一下我是如何做赛前准备的。以重庆力帆球队为例。首先，是每一名球员的姓名、年龄、身高、体重、位置、出生地等。其次，是每一名球员的详细资料，有的球星资料多，有的球星资料少。比如说隋东陆，他 1998 年参加云南红塔青训，到巴西训练了两年，后来球队被重庆力帆队买下，之后又去了江苏舜天队。2005 年，隋东陆进入中甲深圳队，创下了中甲球员的一个纪录。他于 2009 年年底转会成都谢菲联，之后又转会去葡乙马夫拉队……这些信息，你一开始可能记不住，但你拿起自己在 A4 纸上做的笔记时，一看就能大概明白。比如，隋东陆当时比赛对手的主教练是王宝山，这就释放了信息：他和王宝山很熟悉。比如说，对方是雷永驰和惠家康，而他和雷永驰、惠家康很要好，因为之前都因为欠薪转会。你看到对方有个球员曾在云南红塔青训，就可以说他和隋东陆有交集，1998 年他们在云南红塔青训，还一起到巴西训练。这些信息，网上一般没有，需要自己去搜集。需要强调的是，通过百度或其他途径一下子就能找出来的信息不能算是功课，因为球迷也能轻松找到。

重庆力帆球员基本资料 苗霖整理

号码	姓名	年龄	身高	体重	位置	出生地	列宽：自动 行高：15cm 标题字号：12	
1	邓小飞	37	186	83	门将	山东	97鲁能足校 02首秀vs深圳很紧张 03vs陕西失误被摆被换下接着手指骨折 李雷雷到来 主力丢失 06武汉（裴恩才召唤） 09江苏 12最佳门将 643分钟不丢球纪录，打破了当时国门杨智创造的纪录，同年，还入选了亚洲最佳阵容 16重庆力帆	1983/5/31
2	李敖	27	175	72	后卫	四川		1993/1/27
3	杨云	32	184	76	后卫	上海		1988/10/6
4	罗歆	30	179	65	后卫	重庆	和徐小波客场一般住同屋 中超第三轮，开场仅1分44秒，禁区外放倒武磊染红，这创造了中超史上的最快染红纪录	1990/2/7
5	隋东陆	37	194	87	后卫	辽宁	父母都是工人 小时学习非常好 98云南红塔青训（巴西训练2年） 后云南红塔解散，重庆力帆买下球队 后去江苏舜天，一个赛季后05年被中甲深圳队买下（创中甲球员纪录的120万） 09年底因为欠薪问题转会成都谢菲联（与雷永池和惠家康一起），但当时戴琳中花事件闹得是沸沸扬扬，只得与其他两人转会葡乙马夫拉，但签证被拒签，只能跟队训练，直到10年初才正式加盟 王宝山嫡系：云南红塔，王宝山是总经理，深圳队主帅王宝山，成都谢菲联，主帅也是王宝山。	1983/6/21
6	王栋	39	181	71	前卫	山东	96-00亚泰二队 01-13一队（队长） 13山东腾鼎 14重庆力帆 14中甲银靴（16球）	1981/9/10
7	冯劲	27	175	70	前卫	重庆	08-12力帆青训 13一队	1993/8/14
8	丁捷	33	180	72	前卫	辽宁	07-03大连铁路 03辽足（刚来队中月薪1000） 05一队（万金福，从小踢后腰，最喜欢这个位置，辽足登场快200次，11年因合同问题耽误半年，这几年有伤耽误了一些比赛，87一代只剩杨善平）16重庆力帆（税后300万） 中超最年轻帽子戏法（07赛季对阵厦门蓝狮）	1987/4/29
9	刘宇	35	183	70	后卫	四川	04四川冠城（19岁就参加首届中超） 冠城解散后大连实德、河南建业 09成都谢菲联（10年中甲23场助球队重返中超）11年3月中国与洪都拉斯的热身赛中出场，完成国家队首场国际A级赛 11江苏舜天 12大连阿尔滨 14年1月重庆力帆 开始打算加盟申花，后在海埂遇到前阿尔滨队友、现力帆老将吴庆，打听了力帆情况，后孙肇明和王宝山亲自出面邀请，终于来到力帆	1985/5/12
10	维埃拉	31	186	84	前锋	巴西	此前效力于巴西甲级联赛升班马若因维利（音译）队，他在上赛季的巴西乙级联赛中表现极为出色，出场34次，攻入19球，是该队冲甲的绝对功臣，至今已辗转了13家俱乐部，堪称“足坛浪子”，除了2010年和2012年分别短暂效力瑞典的卡尔玛和韩国的城南FC外，其他时间都在巴西国内	1988/10/30
11	吴庆	39	170	70	前卫	重庆	01-10重庆力帆 10-13大连阿尔滨 13重庆力帆 15年初转会风波：头脑一热，直接买了去海南机票，对力帆的牵挂使他很快去而复返 望在重庆退役	1981/7/4
12	徐小波	29	172	70	后卫	贵州	重庆力帆青训 10一队 11年4月13日力帆1比2沈阳东进替补罗毅出场，职业首秀。 5月11日，11足协杯第二轮射进职业首球，但力帆点球决战中被河南建业淘汰。	1991/2/16
13	郑毅	27	175	70	前卫	重庆		1993/1/6
14	郑又荣	30	186	78	前卫	韩国	08-10庆熙大学 11-12京都不死鸟 13磐田喜悦 14-15神户胜利船（该队历史上首位外籍场上队长） 16重庆力帆（200万欧元） 15韩国国家队（和寄诚庸组成双后腰）最喜欢号码是8号 赛季初天津权健、杭州绿城、河北华夏幸福都有意，因为张外龙选择力帆（去年入选韩国队就坐稳主力，张外龙力荐）12年顶替受伤韩国宗代表韩国国奥参加伦敦奥运，拿到奥运铜牌，免除兵役 *上一场比赛，罗歆停赛，临时充当，表现不俗*	1989/12/14
15	米洛维奇	31	195	90	后卫	克罗地亚	08-12克罗地亚RNK斯普利特 12-16克罗地亚豪门海杜克（4/115，队长，连续五年征战欧联杯，参入选克罗地亚年度最佳阵容）16重庆力帆 15克罗地亚国家队（1出场） 也有丹麦和比利时俱乐部报价，但力帆报价最好 和上海上港外援埃弗拉是好友，看到世俱杯恒大表现下定决心来中国	1989/1/29
16	王维成	29	180	65	前卫	重庆		1991/9/2
17	隋维杰	37	188	88	门将	辽宁	20年前，在大连金州体育场给徐弘、小王涛、张恩华等人捡球，他是球童。 出道于哈尔滨兰格，辗转香港联赛加盟四海流浪，期间表现出色，10年入选“香港联赛代表队”参加与英超伯明翰“特步港联杯” 11中甲抚顺罕王 12天津松江（因替补门将陈浩壮离队，感谢教练郝海涛） 13河北中基 14重庆力帆（中甲历史最长时间不失球纪录：796分钟） 喜欢德国诺伊尔、鲁能王大雷 微博控 场上喜欢咆哮，投入	1983/4/6
18	徐洋	33	172	65	前卫	山东	左脚 建业前外教卡斯米罗：“小梅西” 00鲁能足校青训（和崔鹏一批） 07塞尔维亚留学 08—15河南建业（山东到河南只有7万人民币） 08中国国家室内足球队 16重庆力帆（签约3年）04年罚秀全组建87届国青队被看中，南非邀请塞泰献助攻，罚指导到建业后把他引入 老婆陪似林志玲	1987/6/18

图 4 苗霖准备的解说资料

咱们要做的功课是球迷找不到的东西。比如，蒿俊闵在小学时认识了足球启蒙教练邓世俊老师。邓老师 19 岁之前踢球顺风顺水，但因为是技术流，而那个年代踢球更看重身体，他没能进专业队，考进了华中师范大学。之后，邓老师去武汉市万松园路小学组建了足球队，并发现了蒿俊闵。蒿俊闵小时候学习成绩特别好，在班级名列前茅。他曾经受过重伤，被父亲送到北京治疗，治完后去北京国安参观，遇到了两个人，一个是曹限东，一个是张路指导，三个人还合了影……这些信息网上都没有。当你知道这些信息，然后在适当机会进行释放时，就会让球迷明白，原来是这样的。如果只是重复网上简单的资讯，有什么意义呢？谁都知道蒿俊闵去了天津泰达青训，你要比别人多想一些，蒿俊闵怎么去天津泰达的呢？武汉体工队解散后，他听从启蒙教练邓世俊的建议，参加并通过了国少队的选拔，当时国少队的主教练是刘春明，也是天津泰达的校长，他特别喜欢蒿俊闵，就把蒿俊闵挖到了天津泰达。

三、用评书技巧进行叙事

评书式足球解说是指在解说中利用赞赋、定场诗、贯口、开脸儿等评书技巧，还有就是中场或者赛后单独说一段球星的故事，也就是用评书技巧进行叙事。

我非常了解中超球员，拿到的也都是第一手的资料，因为我直接专访球员，采访也需要做很多准备。我解说的时候通常中场不休息，赛后不休息，为什么？因为我会单独讲一段评书，这是我的特色所在。

在这儿也将这个口诀送给大家，解说员要做到“信手拈来、游刃有余、举重若轻、化繁为简、旁若无人、煞有介事、立德敬业、博学竞先、燃而不燥、紧而不僵、松而不懈、快而不乱、专而不板、逗而不贫”。

图5 合影

人物摄影：崔世鑫

文字整理：翟昊冉　樊欣阳　刘颖健　康　乔　郑珊珊　李　晶　尹素伟　薛文婷

采访时间：2021 年 6 月 20 日

采访地点：北京体育大学北体传媒演播室

后 记

媒介融合已经成为当下媒体环境的重要趋势，既涉及“技术融合”“经济融合”，又包括“社会或有机融合”“文化融合”与“全球性融合”。[①] 媒介融合背景下，媒体要通过融合链接更多的新技术、新工具、新用户，共生成一个新的联合体。媒介融合也带给体育解说多方面的影响，如解说主体从专业解说到“人人解说”，语言表达从单一风格到多元风格，解说模式从单向传递到交互传播，角色定位从信息传递到文化共享等。如何在媒介融合的生态下，让融媒体有效赋能体育解说人才培养实践，是值得关注的现实问题。

我国体育解说人才培养自21世纪以来有较大发展。中国传媒大学播音主持艺术学院于2002至2004年间选拔组建了体育解说与评论通道实验班，2005年该通道班被纳入学院专业教学体系，逐渐转变为专业选修课《体育解说评论》，2018年在此基础上又增设了《电子竞技解说》专业选修课。西安体育学院（2006年）、广州体育学院（2009年）、武汉体育学院（2009年）、上海体育学院（2014年）、河北体育学院（2014）陆续设置播音与主持艺术专业，并侧重体育解说人才的培养。2018年以来，随着北京冬奥会脚步临近和体育产业发展，高校体育解说人才培养的热度进一步增强：继体育解说方向后，上海体育学院于2018年在播音与主持艺术专业增设电竞解说方向；浙江传媒学院于2018年至2020年间分别从播音与主持艺术专业大二学生中遴选组建了2017级、2018级、2019级体育解说评论方向班；成都体育学院于2019年开始招收播音与主持艺术专业本科生；河北大学新闻传播学院于2019年3月成立“冬奥体育解说通道班”。有些院校设置了体育解说类课程，如首都体育学院的《体育解说与评论》课程。

① JENKINS H. Convergence? I Diverge［J］. Technology review，2001，104（5）：93.

北京体育大学的体育解说人才培养可以追溯至约 20 年前。2000 年，新闻学专业开始正式招生；2003 年，新闻学专业增设选修课程《节目主持人》；2007 年，修订新闻学专业培养方案，增设“播音主持课程模块”，包括《体育解说》《体育主持人》《普通话》《体育出镜记者》四门课程；2013 年，修订新闻学专业培养方案，取消“播音主持课程模块”，调整《体育解说》《体育主持》至“媒体传播模块”；2018 年，修订新闻学专业培养方案，取消《体育主持》，调整《体育解说》至“体育视听模块”。自 2018 年春季开始，学院每年从大一学生中遴选组建体育赛事解说实验班 / 方向班，隶属于新闻学专业。其中，2017 级、2018 级为实验班，面向全校遴选，进行一年的国际化培养；2019 级后为方向班，在学院内部遴选。2020 年，播音与主持艺术专业体育解说方向开始招生。

北京体育大学新闻与传播学院（2005 年成立体育传媒系，2017 年更名为新闻与传播学院，以下简称“学院”）体育解说教研团队自 2018 年组建以来，一直致力于体育解说人才培养的教学改革和模式创新，并有所收获。其中，《媒体融合背景下体育解说人才培养模式创新研究》获批北京体育大学 2018 年教改重大项目立项;《北京体育大学卓越特色体育新闻传播人才培养项目》（包括卓越体育解说人才培养）获批北京市支持中央在京高校共建项目（教学改革创新项目）立项;《媒介融合背景下体育解说人才培养研究与实践》（编号 201910043004）获批 2019 年北京高等教育本科教学改革创新项目立项;《体育赛事解说理论与实践》获评北京体育大学本科课程思政示范课程;《体育赛事解说理论与实践教程》获批北京体育大学第一批校级本科教材建设重点项目立项;《体育解说员的政治素养》获评 2021 年北京体育大学校级优秀课程思政案例课，并成为首批推荐新华网上线课程思政案例课之一。团队教师曾获北京体育大学“五四青年奖章”、“优秀共产党员”、“本科教学质量年度标兵”、首届“‘最美课堂’竞赛暨‘最美教师’”第一名、“第二届教学创新大赛”中级组一等奖，以及北京市普通高校优秀本科毕业设计（论文）“优秀指导教师”、“第二届全国教学创新大赛”北京市讲师组二等奖、“北京教育系统新闻宣传工作先进个人”等荣誉。

在加强自身建设的同时，体育解说教研团队还秉持着“请进来”的开放观念，除邀请北京外国语大学、中国传媒大学、北京语言大学、首都体育学院等校外专家来校授课外，还邀请一线知名体育解说员、解说嘉宾走进课堂，与学生分享宝贵的关于解说的经验与思考，以此来弥补单一的理论教学和学院师资的不足，同时以向媒体“取经”来反哺教学，以便提升教学的整体质量和人才培养的水平。

在邀请来校授课的解说专家时，教研团队充分考虑到了媒体融合环境下体育解说的多渠道、多类型和多元化。目前，已来校授课的嘉宾涵盖了传统媒体和新兴媒体、中央媒体和地方媒体、男性解说员和女性解说员、资深解说员和新生代解说员、解说员和解说嘉宾。他们受访和授课的内容，既有关于体育解说的经验总结，也有面对媒体环境变化的困惑，既涉及解说行业的发展变迁，也涉及解说行业的机遇挑战，既涉及解说员的职业素养，也涉及解说人才的培养，既涉及解说的客观公正，也涉及解说的主观倾向。其中，既有共识，也有碰撞，既有让人忍俊不禁之趣事，也有引人深思之观点。凡此种种，希望能为学界、业界提供多元的、亲历的、鲜活的、真实的经验和视角，希望能为有志于体育解说的年轻人提供可资借鉴、学习的“他山之石”，希望能促进体育解说行业的健康和可持续发展。

本书的面世，首先要感谢各位解说专家的到来。他们在繁忙的解说工作之余，本着培养解说新人、促进行业发展的目的，来校接受访谈、分享经验、指点学生，让学生们充分感受到了他们的专业品质和人格魅力。其中，白岚老师还专门找出珍藏了10余年的北京奥运会解说“国家队”纪念品——上有“国家队”所有成员肖像的庆功纪念酒，整理了“国家队”的85人大名单，让我们了解了历史的细节，感受了历史的真实。在此，对各位解说专家表示诚挚的谢意。

其次，要感谢北体传媒的支持。自2019年以来，体育解说教研团队多次在北京体育大学北体传媒演播室进行授课，解说专家的访谈、授课和点评也大都在北体传媒演播室进行。从场地、设备到技术、摄制，北体传媒都给予了支持和指导。

再次，要感谢教务处的支持。无论是新闻学专业体育赛事解说实验班 / 方向班的遴选组建，还是播音与主持艺术专业体育赛事解说方向的招生培养，都是在教务部门的大力支持下完成的。教务处还对体育解说人才培养的教学改革和模式创新提供了业务指导、科研立项和经费支持。

最后，感谢学院师生的努力和付出。李岭涛院长和钟海副书记非常关心体育解说人才的跨学科培养和德智体美劳全面发展。各位老师也从课程授课、实习指导、论文指导等方面给予支持。感谢体育解说教研团队。这是一个积极向上、团结协作的团队，每个人都各司其职、独当一面。感谢体育赛事解说方向的学生们，从采访主持到解说展示，从摄影摄像到后台录制，学生们都很好地完成了老师交代的任务，并在聆听、互动和新闻实践中提升自身的综合素质和专业能力。

北京体育大学的体育解说人才培养才刚刚起步，还需要进一步完善。未来，我们将继续深入研究、理解媒介融合及其对新闻传播、播音主持、体育解说的深刻影响，对体育解说人才培养的要求；从通识教育和专业教学、从理论探讨到解说实践等方面下功夫，优化课程体系，打造精品课程，强化实践教学，增强国际意识，改进教学方式，培养视野开阔、基础扎实、具有跨文化传播能力、适应媒介融合环境和行业发展需要的高素质体育解说人才。

薛文婷　李　晶

2022 年 6 月 21 日

图书在版编目(CIP)数据

媒介融合时代的体育解说实践与思考：与知名解说员面对面 / 薛文婷，李晶主编. -- 北京：中国传媒大学出版社，2023. 2

ISBN 978-7-5657-3307-9

Ⅰ. ①媒… Ⅱ. ①薛… ②李… Ⅲ. ①体育—电视节目—播音 Ⅳ. ①G222.2

中国版本图书馆 CIP 数据核字（2022）第 192444 号

媒介融合时代的体育解说实践与思考：与知名解说员面对面

MEIJIE RONGHE SHIDAI DE TIYU JIESHUO SHIJIAN YU SIKAO:YU ZHIMING JIESHUOYUAN MIANDUIMIAN

主　编	薛文婷　李　晶		
策划编辑	曾婧娴		
责任编辑	曾婧娴　沈刘红		
责任印制	李志鹏		
封面设计	拓美设计		
出版发行	中国传媒大学出版社		
社　址	北京市朝阳区定福庄东街 1 号	**邮　编**	100024
电　话	86-10-65450528　65450532	**传　真**	65779405
网　址	http://cucp.cuc.edu.cn		
经　销	全国新华书店		
印　刷	唐山玺诚印务有限公司		
开　本	787mm × 1092mm　1 / 16		
印　张	12		
字　数	228 千字		
版　次	2023 年 2 月第 1 版		
印　次	2023 年 2 月第 1 次印刷		
书　号	ISBN 978-7-5657-3307-9/G · 3307	**定　价**	58.00 元

本社法律顾问：北京嘉润律师事务所　郭建平